日本会議と神社本庁

『週刊金曜日』成澤宗男 編著

金曜日

はじめに

安倍晋三首相が改憲に前のめりの発言を繰り返していた2016年の正月。全国の神社に日本会議系「美しい日本の憲法をつくる国民の会」の改憲を求める署名用紙が置かれました。「なぜ神社に」と参詣者は首をひねったかもしれません。また、その背景に神社本庁（加盟約8万社）や、同庁を柱の一つとする日本会議の存在が潜んでいると気づいた人は少なかったのではないでしょうか。

1997年に設立された日本会議はいま最も行動的な右派団体で、神社本庁といくつかの宗教団体が中核をなしています。また関連組織の日本会議国会議員懇談会には、安倍首相をはじめ約280人の国会議員が加わっており、閣僚の大半もメンバーです。安倍政権の有力な支援組織といっていいでしょう。

本書は、日本会議と神社本庁の活動を歴史的に追い、両団体の「解剖」をめざしました。こうした取り組みが、この国の民主主義や立憲主義を守るために喫緊の課題と考えたからです。なぜか――。

宗教学者の島薗進さんは「ナショナリズムと宗教が結びついて興隆するのが日本の特徴」と指摘し

ます。いままさに「改憲」という政治命題のもとで、ナショナリズム（安倍政権）と宗教組織（日本会議）が結びついているのです。しかも、両者が目指しているのは「改憲」ではなく「壊憲」です。戦前の皇国史観や国家神道に憧憬し、現行憲法を廃棄して明治憲法復活をもくろむ。つまり、主権在民、平和主義、基本的人権の尊重をすべて根こそぎにしようというのです。「壊憲」としかいいようがありません。アジア・太平洋戦争の轍を踏まないためにも、この動きを止めなくてはなりません。

神社本庁は戦後、国家神道が解体されたときからすでに、その復活を希求してきました。１９５１年に「建国記念の日制定運動」を開始、15年後の１９６６年に祝日法改定により「建国記念の日」が制定されます。さらには元号法制化をもくろみ、こちらは１９７９年に元号法が成立します。こうした〝成果〟をあげる過程で生長の家などの宗教団体が加わり、１９７４年に「日本を守る会」、１９８１年に「日本を守る国民会議」が設立され、１９９７年に一本化して日本会議となります。現在の生長の家は政治運動から距離をとっていますが、日本会議の実務を担っているのは、元生長の家の信者とみられます。

日本会議はその後も憲法改正を最重点に「夫婦別姓反対」「在日外国人の参政権反対」などの運動を展開、存在感を高めていきます。しかし、「天皇崇敬」「東京裁判否定」といった極端なアナクロニズムぶりに、組織実態が見えにくいという要素も加わり、90年代後半以降、表面的には運動が停滞します。また、左派系の文化人や民主的団体なども、あまり警戒感をもたずにきたのが現実です。

しかし、「安倍晋三」という歴史修正主義、国家主義者の政治家が２００６年に総理大臣の椅子を射止めたことで事態は大きく変わります。安倍首相はわずか1年で退任しますが、その間に日本会議の悲願だった教育基本法改定が強行されてしまいました。そして、再登板となった２０１２年以降は、いよいよ安倍首相と日本会議は手に手を取って本格的な憲法改定＝壊憲運動に乗り出しているのです。

日本会議は「草の根国民運動」を標榜しています。確かに、全国に支部を置き、地方議会に請願、陳情を繰り返すことで中央政治に圧力をかけることに成功しています。運動が下火にみえた時期にも、せっせと足腰を鍛えていました。前述したように、日本各地に足場をもつ神社本庁を基盤に生長の家の元信者が巧みな組織運営をしており、いまや安倍政権の重要な推進力といっても過言ではありません。

２０１６年５月末に開かれた主要７カ国首脳会議（サミット）の会場は伊勢志摩でした。安倍首相は各国首脳を神社本庁の本宗（最高位の神社）である伊勢神宮前で出迎えました。天照大神（アマテラスオオミカミ）を祀る同神宮を国際政治の舞台にしたのです。日本会議や神社本庁のメンバーが快哉を叫ぶ様が目に浮かびます。「特定秘密保護法」「日本版ＮＳＣ」「戦争法」（安全保障関連法）を次々に成立させた首相が国家神道の象徴ともいえる場所に立つ。これでは海外から「ネオナチ」とみられてもいたしかたありません。

「ナショナリズムと宗教の結びつき」を許さず、壊憲を阻止する。そのためにはまず、日本会議と神社本庁の素顔を暴かなくてはなりません。

この本がその一助になれば幸いです。

２０１６年６月　　『週刊金曜日』編集部

第3章

日本会議の思想

右派宗教の潮流

生長の家からはじまる反憲法運動70年

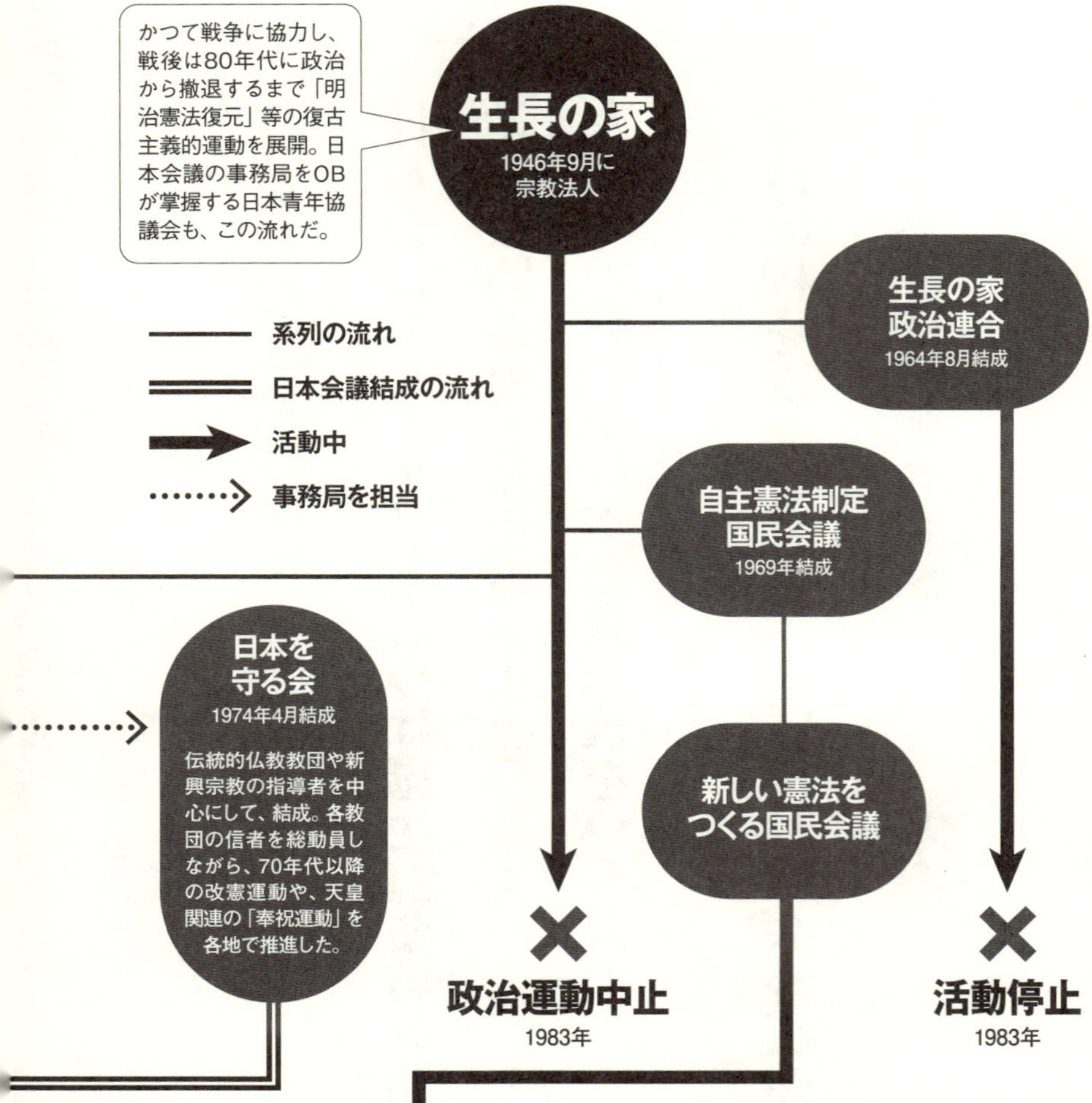
かつて戦争に協力し、戦後は80年代に政治から撤退するまで「明治憲法復元」等の復古主義的運動を展開。日本会議の事務局をOBが掌握する日本青年協議会も、この流れだ。
生長の家
1946年9月に宗教法人
生長の家政治連合
1964年8月結成
系列の流れ
日本会議結成の流れ
活動中
事務局を担当
自主憲法制定国民会議
1969年結成
日本を守る会
1974年4月結成
伝統的仏教教団や新興宗教の指導者を中心にして、結成。各教団の信者を総動員しながら、70年代以降の改憲運動や、天皇関連の「奉祝運動」を各地で推進した。
新しい憲法をつくる国民会議
政治運動中止
1983年
活動停止
1983年

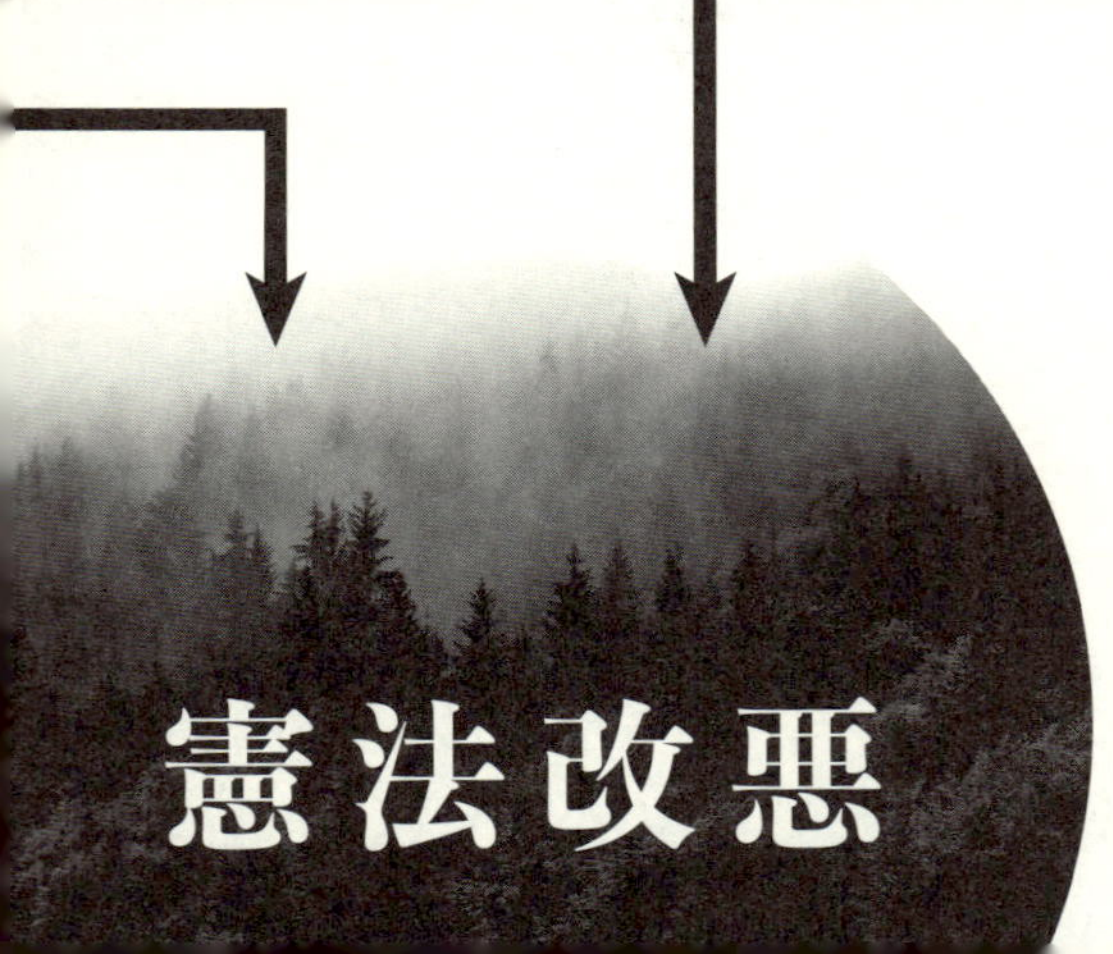
憲法改悪

解説　日本会議のルーツの一つである日本を守る会の事務所は明治神宮内にあり、日青協幹部と生長の家職員、及び神社関係者が運営していた。もう一つのルーツである日本を守る国民会議の前身の、元号法制化実現国民会議も同様だった。日青協の椛島有三会長は、日本を守る国民会議の事務局長で、日本会議の事務総長。日本会議の系列組織で、現在改憲運動の前面に立っている美しい日本の憲法をつくる国民の会の事務局長だ。日青協の幹部が、日本会議及びその前身の団体の事務局を担当。日本会議や系列団体の動員は、宗教団体の信者に負っている。

図表作成／編集部
参考文献：『戦後の神社・神道』（神社新報社）ほか参照。

図解 日本会議を生んだ

近年、注目を集めている日本会議。だが、1997年5月に結成されるはるか以前から、全国の大半の神社が加盟する神社本庁、及び生長の家を筆頭とした新興宗教の運動が、そこへと至る伏流として形成されていた事実がある。戦後のこれら右派宗教勢力の動向を知ることなしに、日本会議の本質は理解できないだろう。

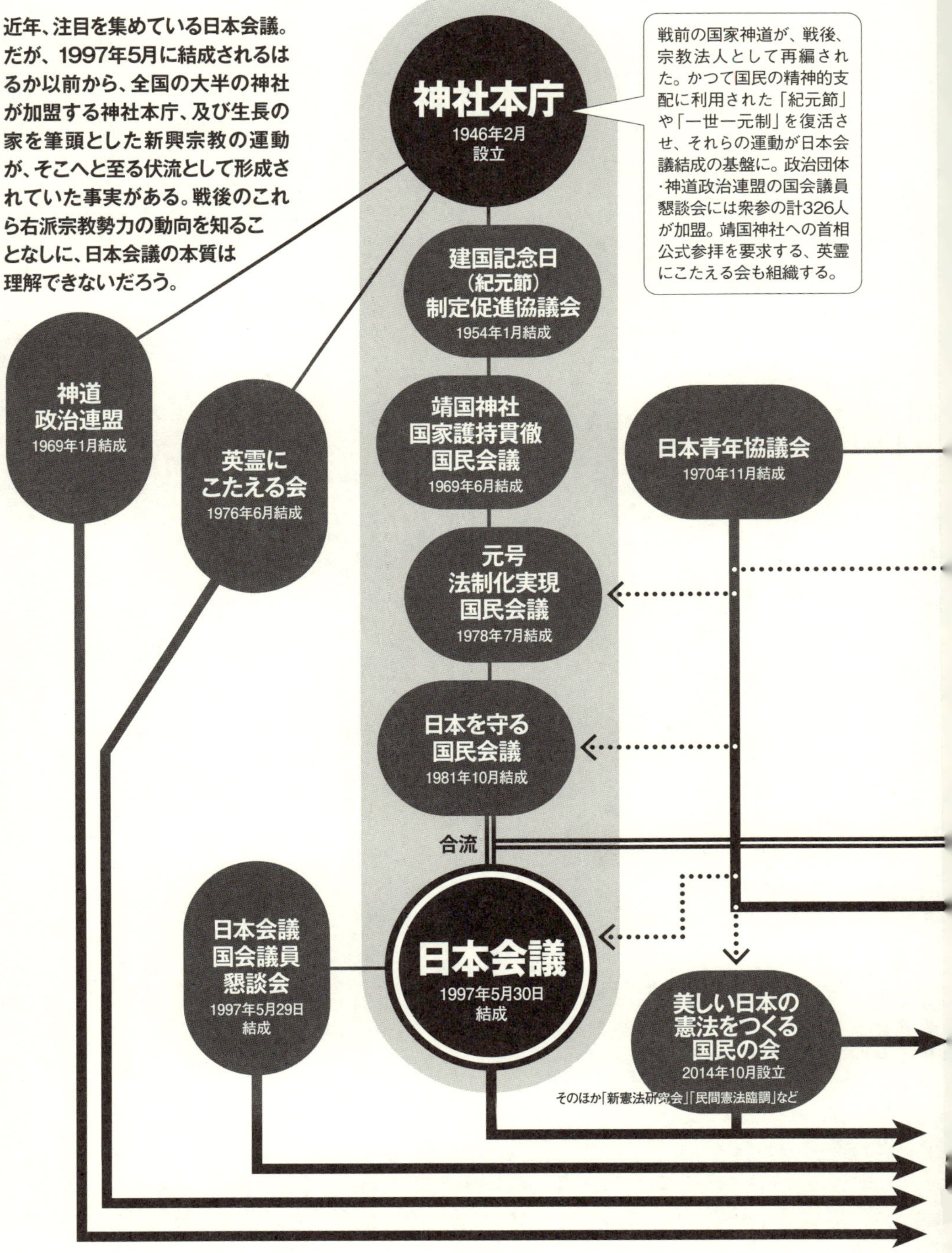

第1章

日本会議と国家神道

日本会議と宗教右翼

成澤宗男《なるさわむねお》
『週刊金曜日』編集部

2012年末の第二次安倍晋三内閣発足以降、日本会議に対する国内外の関心が急速に高まっている。首相の安倍自身が日本会議の国会議員懇談会の「特別顧問」という肩書きを持つのみならず、閣僚の少なからぬ部分がこれに加盟しているという理由が大きいだろう（**表1**参照）。また、閣僚が特定の政治団体に籍を置いている例は、主要なものとしては神道政治連盟国会議員懇談会と日本会議しかほぼないこともあってか、あたかもこの日本会議が安倍内閣を「完全支配する」とか、さらには「日本を動かしている」かのような、明らかに過剰と思える評価も一部で生まれた。

よく知られているように日本会議は、1974年5月設立の日本を守る会と、1981年設立の日本を守る国民会議との合併によって1997年5月に結成された。日本会議は突然、今日の政治舞台に登場したのではなく、初期の組織実態は70年代半ばから80年代にかけて形成されている。だが社会的な注目度は、現在よりもはるかに乏しかった。

安倍の首相返り咲きによって一挙に政権の極右化が進行し、そのことによってあたかも日本会議自体が権力との近似性をかつてなかったほど得たような印象が広がり、今日に見られるような高い関心を呼んだという点も、無視できないだろう。

同時に、日本会議のイデオロギーの根源は根深く、戦前期までたどらねば見えてこない。したがってその分析にあたっては、戦前と戦後における、支配的価値観の断絶と継承という問題を避けて通ることはできない。

本書は、理念的には戦前の国家神道に求め、運動的には戦後になって国家神道が宗教法人として再編された神社本庁の政治活動の一つの帰結として日本会議を捉えながら、その軌跡と現在の姿を追う。そこでは、「日本人」「日本民族」は「かくあらねばならぬ」という一方的な価値観を、常に天皇

自民党役員

役職	氏名	日本会議	教科書議連	神道議連	靖国議連	新憲法制定議員同盟	創生日本	「慰安婦」
副総裁	高村正彦			●	●	●		
幹事長	谷垣禎一	●		●	●	●		
幹事長代行	細田博之			●	●			
幹事長代理	棚橋泰文	●	●	●	●			
副幹事長 ※総裁特別補佐	下村博文	●	●	●	●	●	●	●
筆頭副幹事長	松本 純			●	●		●	
総務会長	二階俊博				●	●		
政調会長	稲田朋美	●	●	●	●	●	●	●
政調会長代行	塩谷 立	●		●	●	●		
政調会長代理	田村憲久	●		●	●			
政調会長代理	小野寺 五典			●	●		●	
選対委員長	茂木敏光	●		●	●			
衆議院運営委員長	逢沢一郎	●		●	●	●		
広報本部長	木村太郎	●		●	●	●	●	
国対委員長	佐藤 勉		●	●	●			
文部科学部会長	木原 稔	●		●	●		●	
参・議員会長	横手顕正			●		●		
参・幹事長	伊達忠一			●	●	●		
参・国対委員長	吉田博美			●	●			
参・政審会長	鶴保庸介			●	●	●		

議員連盟の略語の説明

日本会議＝日本会議国会議員懇談会（「日本会議議連」）
教科書議連＝日本の前途と歴史教育を考える議員の会
神道議連＝神道政治連盟国会議員懇談会
靖国議連＝みんなで靖国神社に参拝する国会議員の会
新憲法制定議員同盟＝新憲法制定議員同盟（超党派の「改憲同盟」）
創生日本＝創生「日本」、安倍が会長の「戦後レジーム」からの脱却、
改憲をめざす超党派議員連盟（大部分は自民党）で事実上の「安倍議連」
「慰安婦」＝米・ニュージャージー州「スターレッジャー」への「慰安婦」否定の意見広告に賛同した議員

出典：俵義文・子供と教科書全国ネット21事務局長

第３次安倍改造内閣の各閣僚と自民党役員の議連参加状況

表１

第３次安倍改造内閣

役職	氏名	日本会議	教科書議連	神道議連	靖国議連	新憲法制定議員同盟	創生日本	「慰安婦」
総理	安倍晋三	●	●	●	●	●	●	●
副総理・財務・金融（デフレ脱却）	麻生太郎	●		●	●	●	●	
総務	高市早苗	●	●	●	●		●	●
法務	岩城光英			●	●	●		
外務	岸田文雄	●	●	●				
文部科学・教育再生	馳 浩		●	●	●	●		
厚生労働	塩崎恭久	●	●	●	●		●	
農林水産	森山 裕	●		●	●		●	
経済産業・産業競争力・原子力経済被害	林 幹雄	●	●	●	●			
国土交通	石井啓一			公	明	党		
環境・原子力防災	丸川珠代	●		●	●		●	
防衛	中谷 元	●	●	●	●			
復興・福島原発再生	高木 毅			●	●		●	
国家公安・行政改革・国公務員制度・消費者・食品安全・防災	河野太郎			●				
沖縄北方・科学技術	島尻安伊子	●			●			
経済財政・経済再生	石原伸晃			●		●	●	
１億総活躍・拉致問題・女性活躍	加藤勝信	●		●	●	●	●	
地方創生	石破 茂	●		●	●			
オリンピック	遠藤利明		●	●	●			
官房長官	菅 義偉	●	●	●	●		●	
首相補佐官	衛藤晟一	●	●	●	●	●	●	●
首相補佐官	河井克行			●	●			
首相補佐官	柴山昌彦	●		●	●		●	
官房副長官	萩生田光一	●	●	●	●	●	●	
官房副長官	世耕弘成	●		●	●	●	●	●

の「権威」を振りかざしながら国民全体に同質化させ、均一化させようとする戦前からの衝動が、今日に至っても脈々と続いている事実が浮かび上がるだろう。

そのような衝動においては、大日本帝国の国民に対する精神的支配の根源が、初等教育における皇民化政策にあったという事実を熟知しているからか、常に政府の施政や公教育の面での制度的強制力を伴わせようとする傾向が強い。彼らが、教育行政に異様なまでの強い関心を示すのはそのためだ。

こうした単一の価値観の強要、同質化とでも呼べるような志向が、神社本庁や右派の言説に、常時にじみ出ている。さらに神社勢力以外の、戦前の国家神道に迎合してきた宗教団体、及びそれをルーツとしたり、現在もイデオロギー的に戦前と決別しえていない勢力も加わることによって、今日の日本会議という団体が形成されるに至っている。

日本会議は今日、明治憲法や国家神道の復活をストレートに掲げているわけではない。国家神道を「宗教法人」と変容させた戦後の制度をいったんは前提とし、その枠内で「伝統」であるからという名目で価値観の上からの同質化を推し進めながら、最終的には改憲とそれに伴う法的諸制度の整備（不敬罪の導入、宮中行事の公的行事化等）により、戦後の日本国憲法下の姿を変質させるのを意図している。

それは、神権国家としての大日本帝国を過去に支え、導いてきた理念の核を、21世紀のこの国に形を変えて再導入しようとする試みとも言える。現状ではその狙いを即実現させるのは困難だとしても、日本会議のように執拗に実現させようとする運動そのものが、確実にこの国の右傾化を招いているのは疑いない。

以下、右派宗教勢力が戦後、政治性を研ぎ澄ましながら国政や社会に影響力を拡大してきた過程を検証する。

国家神道の再編

敗戦後、神社は国家から分離され、神社本庁は一宗教法人として再出発した。だが、その時点からすでに日本国憲法の基本的理念に反する運動への道筋は固まっていた。実質的な第一歩は「紀元節復活運動」だった。

全国の神社約7万9000社以上が加盟しているとされる神社本庁は戦後、GHQ（連合国軍総司令部）が「神道指令」を発布し、厳密な政教分離原則によって国家と神道を切り離し、軍国主義的・国家主義的イデオロギーを禁止して国家神道を解体したわずか2カ月後の1946年2月3日、宗教法人として誕生した。その前身は、国家神道における「敬神思想の普及」を担い、解体された内務省傘下の神祇院と不離一体の関係を有する皇典講究所、及び大日本神祇会と、神宮奉斎会の三団体であり、「（伊勢）神宮を本宗と仰ぎ、道統の護持に努める」ため、「神社関係者の総意によって、全国神社を結集する」を宗教法人の定款で謳っての設立となった。

敗戦後、神社は国家から分離され、国庫から支出された財政も、官吏としての神官の地位も失った。だが一宗教法人として再出発しながら、①天皇が「皇祖皇宗」の「神」によって授けられた国を継承してきたという「国体観」と、②「天皇絶対主義」という、神道の長い歴史では異質な性格を有する国家神道を日本の「伝統」として固定観念化し、それを「発露」することが「道義国家建設」であるとする使命感については、いささかの揺らぎもなかった。

無論、「現人神」としての天皇の名による軍事動員であったがゆえに、15年戦争も「聖戦」あるいは「自存自衛の戦い」以外のいかなる歴史解釈も受け入れる余地はない。

したがって神社本庁の宗教法人としての活動が開始された瞬間から、彼らは日本国憲法とそこに込められた基本的理念（主権在民、厳密な政教分離、思想信条の自由、良心の自由、不戦の表明と恒久平和主義）に対して、根本的に相容れない政治性を伴うことを運命付けられていたといってよい。

「紀元節復活運動」が実質的な第一歩

そうした神社本庁の戦後とは、いくつかの政治団体（神道政治連盟、英霊にこたえる会等）を組織し、後述する靖国神社国営化（あるいは靖国神社への首相・閣僚の公式参拝実現）や元号法制化、改憲といった政治運動に邁進して、右派ネットワークの中心・結集軸としての性格を強めていく過程であった。

そこにおいて、他の宗教勢力あるいは宗教的な思想集団が加わることで、今日の日本会議とそれに至る一連の政治潮流を生み出すことになるが、その実質的な第一歩が、「紀元節復活運動」にほかならなかった。以下は、後述する神社本庁の政治団体・神道政治連盟が1990年6月に刊行した回顧録『神道人のあゆみ 戦後の精神運動の柱として』からの抜粋だ。

「神社関係者たちは、神社本庁が設立された昭和二十二年、神道指令がもっとも厳しい行政がおこなわれた直後から、神社の護持ばかりではなく様々の日本の持つ歴史的な美風を占領に伴う破壊から守る努力を続けてきていました」

「日本はいまは戦いに敗れ、すべての点で自信を失い、自分の国の良さを全く忘れてしまっている。しかし、地味ではあるが神社という日本の歴史の中心的役割を保ちつづけてきた組織が、その中にどんな時でも日本の誇りと美風とを維持しつづけていたならば、必ず将来、今回の敗戦という、不幸な苦しみにより更にみがきあげられた、より美しい日本の国ができる。あせってはいけない。目先の障害に自信を失ってはいけない。何十年、何百年でも、そのような時がくるまで、せめて神社だけでもねばりぬくのだ、というのが神社本庁が創立されていらい、神社にたずさわる人々が持ち続けてきた信念でした」

ここでは戦後改革について、「日本の持つ歴史的な美風」が「占領に伴う破壊」に見舞われたと認識されている。神社本庁は発足当初のみならず、占領終了後も「大日本帝国の復活」を直接主張した形跡はない。だが、彼らの唱える「日本の誇りと美風」とは具体的に何を意味するのか不明だが、もしそれが政治や社会で中心的な位置を占めるようになったら、明らかに憲法理念とは反する実質的な「大日本帝国の復活」、さらには国家神道のイデオロギーの新たな復権という事態を招くことになるのは疑いないだろう。

　引用を続ける。

「神社本庁では昭和二十六年十二月、かねて準備をすすめていた紀元節復活の運動を国民運動として展開することを決定、同時に神社関係の各団体が一斉に全国の街頭で紀元節復活の署名運動をはじめたり、政府へのはたらきかけなども開始しました。この運動に対しては多くの協賛の声もあがり、支持賛同の署名も集まったのですが、占領下であるという事情もあり、法案提出はもう少し待って欲しいとの国会議員側の意見で一旦は行動を延期、ようやく占領もあけて昭和二十九年一月、『建国記念日（紀元節）制定促進協議会』が発足、いよいよ本格的な紀元節復活への運動が開始されました」「紀元節復活の運動は神社本庁に本部をおき、神社本庁がお世話をして全国八十八団体を含む多くの人々によって進められたのです。が、さて、実際にこれを国民の祝日として法制化しようという段になると……マスコミやひとにぎりのマスコミと結んだ進歩的文化人や学者たちの反対に対して、多くの国民の投票により選出されているはずの国会や政府が、ウロウロをくり返して動かない困った事態に直面してしまったのです。運動は毎年毎年熱心な活動を展開しながら、結局のところ、ようやく法律化されたのは昭和四十二年のこと。神社界がこの運動をはじめてから十六年間もの歳月を要してしまいました」（『神道人のあゆみ』）

　この「紀元節」とは、神の子孫とされる初代「神武天皇」が奈良の橿原で即位した日（2月11日）であるとして、明治国家が「現人神」の神話を民衆の秩序意識に埋め込むため、１８７２（明治５）

年に架空の日付を創作して、初めて定めた祭日である。「神武天皇」を祭ったという橿原神宮が創建されたのは、神社としては靖国神社等と並んで新しい１８９０（明治23）年であり、国家権力主導による「建国神話」の植え付けの一環だった。当然「紀元節」は、１９４８年にＧＨＱによって廃止された。

２０１６年4月には架空人物である「神武天皇」の「没後２６００年」とされ、天皇が「神武天皇陵」に参拝したが、大和朝廷が成立したのは西暦3世紀とされる。明治期に国家権力によって、ありもしない天皇の「即位」日が祭日とされた「紀元節」とは、およそ「日本の伝統」とは無縁であるに違いない。のみならずそのような建国神話を政教分離原則が確立した日本国憲法下で法制度化するのは明らかに違憲行為であり、それは国民の大半が意味を知らない「建国記念日」が続いている今日においても、変わらないだろう。

１９５1年という年に注目

さらに、神社本庁が「紀元節復活の運動を国民運動として展開することを決定」した「昭和二十六年」（注＝１９５1年）という年に注目したい。前年の１９５０年6月に朝鮮戦争が勃発し、共産党に対するレッドパージが始まるなど、すでに逆コースが熾烈に続いていた年だ。同時に、日本の「独立」（１９５2年4月28日）の前年でもあるが、8月にはＧＨＱによる旧軍人や右翼活動家の大量追放解除が実施され、そのため赤尾敏ら戦後の右翼団体指導者が総結集した「愛国者団体懇親会」の第一回会合が2月に開かれている。

神社勢力が占領下で、大日本帝国の創作による天皇を「現人神」とするための「国民教化」に欠かせなかった祭日を、日本国憲法下で復活させようと最初の政治運動に乗り出すことができたのは、冷戦の激化に伴う逆コースという恩恵の賜であったのは疑いない。彼らが今日、「日本の伝統」を強調するナショナリストのように一見振る舞いながらも、この国の対米従属について一切口を挟まないのは、米国の反共政策と戦後改革の途中放棄によってこそ、自身が政治舞台に登場するのが可能になったという、「出自」によるところが大きいはずだ。

いずれにせよ、戦前は国家権力と一体化していた神道勢力が再編された神社本庁は、勝利した「紀元節復活運動」の経験によって地域における神社の氏子組織や名望層、保守層を基盤として固めていく。同時に注目すべきは、今日の日本会議が発揮している右派ネットワークの中心部隊という機能が、この運動時期に形成されたという点だ。その端緒が、前述の「全国八十八団体」の結集に他ならない。

「昭和三十年（注＝1955年）十月には神社本庁に事務局を置く『紀元節奉祝国民大会運営委員会』が結成されることとなる。國學院大學、日本遺族会、不二歌道会、神社新報社、神社本庁など実に八十八の団体によって構成される、混成部隊と呼んでもよいやうな集まりであった。事実、それぞれの加盟団体を見てみると、いはゆる民族派あり、神社関係あり、新宗教あり、婦人・少年団体あり、一般企業あり……といった具合で、唯一共通した結束点（目標）が『紀元節』の復活なのであった」（木田孝朋「紀元節復活運動の経過と意義」『神社本庁教学研究所紀要』第一号。1996年刊）

したがって「紀元節復活運動」こそ、「その後神社界が積極的に取り組んでいった……元号法制化運動等の、いはば先駆けとも呼ぶべきものであった」(同)と言えるだろう。

同時に日本の右派宗教団体にとっては、大日本帝国の国家神道の直系であり、特定の教理がなく、全国津々浦々の神社を統括する組織としてのネットワークを有する神社本庁こそ、要求課題を実現し、あるいは何らかの価値観に基づく政治を確立するための結集軸としてふさわしい存在であるという事実が、認識されたのではなかったか。

「建国記念の日」となった「2月11日」

いずれにせよ、1966年6月25日に祝日法改正案が成立し、「2月11日」が「建国記念の日」になった。GHQの占領終結後後、「占領体制からの脱却をめざして日本精神回復のための諸問題に取り組んできた」(神社新報政策研究室編『増補改訂 近代神社神道史』1976年、神社新報社刊)神社本庁にとっては、以下で述べられているように、政治集団として飛躍する上で大きな契機となった。

「このことは、占領権力によって築き固められた鉄壁の一角がつひに破られ、日本国民の精神史上輝かしい記録を残したものとして、神社人に大きな希望と勇気を与へるものであった。当時の神社本庁事務総長林栄治氏は、この時にあたって次のやうな談話を発表している。

日本の政治的、思想的危機は必ずしも退潮してゐるわけではない。その現状を直視すれば、二月十一日建国記念の日制定は終着点ではない。むしろ私共は、これを起点としていよいよ日本回復の運動にたちあがらねばならぬ。(略)

林事務総長の談話の如く、占領政策が残した弊害はなほ根強いものがあり、建国記念の日実現を転機として、これらの是正に一段の拍車をかける決意と努力を要することが確認された。

明けて昭和四十二年、この建国記念の日の制定に勇気づけられた神社本庁は、これを転機として大いに国民精神の昂揚をはからねばならぬとして、対外活動の強化に乗り出した」(同)

このように「紀元節復活」を「占領政策」の「是正」だの、あるいは「占領解除後も我国にまとはりついて離れない後遺症からの、快癒への一歩」(「紀元節復活運動の経過と意義」)だのと美化しようが、それは戦前の国家神道についての無反省の産物に過ぎないのは明らかであったろう。

なお、1967年に打ち出された神社本庁の「国民精神の昂揚」は、具体的には「(伊勢)神宮を崇敬し、皇室を尊び日本の伝統的国家理念を護持することを基調として、国民精神の振興をはかる」という内容であった。そして「活動目標」として、行事の類は別にして筆頭に「建国記念日の意義の決定」があり、そして「憲法改正」が次に続いていた。

神道政治連盟とは

それからちょうど30年が経過した1997年5月30日、この日結成された日本会議は、「設立宣言」に「かつて先人が培い伝えてきた伝統文化は軽んじられ、光輝ある歴史は忘れ去られまた汚辱され」たという主張を入れている。そして「設立趣意書」では、『日本を守る会』と『日本を守る国民会議』は、設立以来20有余年にわたり、戦後失われようとしている健全な国民精神を恢弘し、うるわしい歴史と伝統にもとづく国づくりのため相提携して広汎な国民運動を展開してきた」と総括している（傍線引用者）。

この「国民精神昂揚運動」が、１９６７年以前から実質的に開始されていた事実は繰り返すまでもないが、神社本庁と日本会議に象徴される右派勢力の、戦後における「国民教化」に向けた息の長い執拗さ、ある種の「一貫性」がここから見出せる。今日脚光を浴びている日本会議という集団による戦後憲法への挑戦の歴史的根深さを、改めて感じざるを得まい。

なお、「紀元節復活運動」は、副産物も伴っていた。今日、日本会議の国会議員懇談会と並び、政府閣僚・与党国会議員内で隠然たる勢力となっている神道政治連盟である。これについては、以下の記述が簡潔な説明となっている。

「神社界がこの（紀元節復活）運動をはじめてから十六年間もの歳月を要してしまいました。……長い間には様々と運動をつづける人々の中にもあせりや怒りの声も出てきますし、だいいち神社本庁は政治活動をおこなうための組織ではありません。政府や国会に対する交渉、そして支持をしてくださる各団体との間の運動の調整、より効果的に専門的にこの種の運動を進めるための技術、それにできることなら、神社界自身を母胎にする国会議員も欲しい。そのような思いが、この政治交渉のくり返しの中からつよくおこることとなり、神社の活動、日本の伝統を大切にする活動を専門的におこなう政治組織、神道政治連盟をつくろうとの声がつよくあがることになりました」

「神政連はこのようにして昭和四十四年十一月八日に神社本庁を背景に、これと表裏一体となって政治的活動を展開する政治団体としてのスタートをきりました」（『神道人のあゆみ』）

その設立総会において、初代会長の神社本庁常務理事・上杉一枝は、「国家国政を真に日本民族の伝統たる神道精神の基盤に載せ、以て我国の平和と繁栄を固くする」と檄を飛ばしたが、これは神社勢力の政教一致集団としての登場を、改めて宣言したに等しかった。

以後、神道政治連盟は、「建国記念日」の法制化に功のあった議員を中心にして、１９６９年12月の総選挙で23人の候補者を推薦し、うち19人を当選させた後、「神政連国会議員懇談会」を結成する。そしてこの「懇談会」を通じ、神社本庁と神道政治連盟が政治的影響力を強めていく。なお、２０１６年２月段階で、「神政連国会議員懇談会」は安倍晋三首相を会長とし、衆参両院で計２８０名の国会議員が自民党を中心に参加している。

神社本庁が力を入れた「靖国神社国家護持」

そして当時、並行して神社本庁が力を入れていたのが、「靖国神社国家護持」であった。だが紀元節復活とは異なり、「結成以来、政策推進の第一に皇室の尊厳護持運動を掲げ、さまざまな政策と対策をおこなってきたが、自主憲法制定と靖國国家護持といふこの二つの大きな課題は、未だに実現には至らず積み残したままだ」（神社本庁機関紙『神社新報』２０１５年６月８日号「論説 神政連四十五年 先人の気風と志の継承を」）と総括されるに至っている。

自民党は１９６９年から１９７４年にかけて計５回にわたり、神社勢力や日本遺族会の意を受けて国営化を意図した靖国神社法案を上程しているが、すべて廃案になったからだ。そこで神社本庁は一旦路線を転換し、１９７６年６月に「英霊にこたえる会」を結成して、「英霊に対する国・国民のあるべき姿勢を確立するため」として、「天皇や総理、国賓の公式参拝の実現」に特化する形で執拗な運動を展開した。結果として1985年8月15日、首相の中曽根康弘によって公式参拝が実現するが、以後歴代内閣に定着したとは言い難い。

そして現在、神社本庁も日本会議も「靖国国家護持」のスローガンを掲げてはいないが、公式参拝であれ何であれ、「英霊に対する純粋な尊崇と感謝のこころこそ、真に国を愛し自由と平和を守ることに通ずる」（英霊にこたえる会機関紙『英霊にこたえる会たより』第2号。1977年5月）とする価値観を、国民に注入することを断念してはいない。

しかしこの価値観が実現されるならば、①天皇の命による自国の戦争は常に正しいという「聖戦」論、②その「聖戦」の戦闘で戦死したら神になるという「英霊」観、さらに③「英霊」を模範として崇拝の対象とし、場合によっては国民自身も「英霊」となることに躊躇しない「顕彰」の姿勢――という、国家神道が生み出した三つの「教義」が社会で公認され、再び受け入れられることを意味する。

その「教義」からは、「アジアに対する侵略・植民地支配」という歴史認識と戦争責任の自覚・反省が生まれようがなく、隣国との真の和解を不可能にする。日本会議は毎年8月15日、靖国神社境内でこの三つの「教義」に則った集会を開催しているが、今後も「教義」の宣布に向けた試みは繰り返されていくだろう。

そして「紀元節復活」に続いて、神社本庁や右派宗教勢力の「勝利」で終わる「一世一元の元号制度」の復活・法制化こそは、日本会議結成に至る直接の契機になったという点で記憶されねばならない。

元号法制化運動がもたらした「成果」

70年代以降、神社本庁を中核にした運動は新たな段階を迎える。日本を守る会、日本を守る国民会議が生まれ、彼らが全力で取り組んだ元号法制化運動が「成果」をあげるのだ。後に両者は統合して日本会議となる。

時系列的にみると、「一世一元の元号制度」の復活・法制化を実現するため、１９７８年に結成された「元号法制化実現国民会議」が直接の母体となり、１９８１年に日本を守る国民会議が生まれる。さらに時間は前後するが、その復活・法制化の運動を最初に開始したのが、１９７４年に誕生した日本を守る会であった。

そして以降は、神社本庁がまず先導した政治運動の成果を基盤にしながら、日本を守る会→元号法制化実現国民会議→日本を守る国民会議→日本会議という結成プロセスをたどっている。

日本を守る会結成のきっかけ

明治神宮の権宮司で、戦後早くから神道青年全国協議会の会長や、国旗掲揚推進協議会の常任理事等の、神社本庁の要職を担ってきた、副島廣之《そえじまひろゆき》（２００７年没）という人物がいる。副島は、日本を守る会と元号法制化実現国民会議、日本を守る国民会議のすべての事務総長を歴任しているが、それは「祖国日本を敗戦後の悪夢から覚醒させ、真に日本民族の歴史と伝統に基づく、天皇国日本の再建をはかることが、神社界を中心とした国民運動の意義である」（『続 私の歩んだ昭和史』１９９２年明治神宮崇敬会発行）という、使命感からであった。彼の回想によると、日本を守る会結成のきっかけは、以下のようだった。

「日本の現状を憂慮する宗教界、社会教育界、言論界などの長老たちが『このままではいかん、日本危うし』という現状認識にかりたてられ、時局懇談会という名目で丸の内の日本工業倶楽部で会談した。鎌倉円覚寺の朝比奈宗源、神社本庁前事務総長の富岡盛彦、明治神宮宮司伊達巽、全国師友協会会長安岡正篤、作家の山岡荘八、世界真光文明教団の開祖岡田光玉の各氏等錚々たる人物およそ十五名ばかり、皆国を憂える思いは同じで談論風発の一夕を過ごした」（副島廣之『私の歩んだ昭和史』１９８９年、明治神宮崇敬会刊）

日蓮宗僧侶で、優れた宗教評論家でもあった丸山照雄は、この「時局懇談会」（１９７３年８月結成）は『世界連邦日本宗教委員会』などの運動を通じて宗教界を右から再編していくフラクション的な集まり」と見なしている。そして「時局懇談会」が翌1974年に「国旗・国歌」法案を提出しようとしていた首相の田中角栄に対し、「要望書」を提出するため、「急遽『日本を守る会』が発足」したという説（「続・現代虚人列伝 朝比奈宗源／政治に溺れる道化禅師」『現代の眼』1977年5月号）を唱えている。

こうした宗教界の著名人らが「国を憂える思い」に駆り立てられたのは、1972年末の総選挙における共産党の躍進と無縁ではなかったらしい。副島の回想に登場する面々のうち特に主導的役割を果たしたのが朝比奈で、72年に「世界連邦日本宗教委員会」が伊勢で開かれた際に、「伊勢の大神さまが深い思召しから、（日本を守る会として）私共に集まることをお許し下さったのだ」（同）という趣旨の発言を、何度か繰り返している。

そして副島の著書によれば、この「一夕」後も、宗教人の結集が続く。

「（続いて）二回、三回と会合を重ねるうち、鶴見総持寺の岩本勝俊、池上本門寺の金子日威、浅草寺の清水谷恭順の諸師ら仏教界の長老や、神社本庁総長、熱田神宮宮司の篠田康雄氏をはじめ、生長の家理事長の中林政吉、仏所護念会教団理事の関口孝、念法真教教団教務総長長谷川霊信の諸師等も参加し、数回にわたる会議のうちに、おのずから日本を守る会結成のことが決定し、その趣旨や規約や基本運動方針などが協議されて、結成式へと向かっていったのである。

そして昭和四十九年四月二日、日本を守る会の結成総会が東京信濃町の明治記念館で、前記の各氏を中心に各界の有力者およそ一二〇名が出席して開かれたのである」（『私の歩んだ昭和史』）

この「日本を守る会」は、明治神宮内に事務局を置いた。発足時の代表委員は、**表2**の通り。監事には、戦前からの修養団で、「天照大神」の「慈悲・寛大・自己反省」の精神を基盤にしたという「道徳科学」を唱えるモラロジー研究所の所長である広池千太郎ら2名が就任したが、これらのメンバーは、前出の「時局懇談会」とほぼ重なる。重ならないのは、日本を守る会の役員に推挙されながら、結局辞退した相川高秋（日本キリスト教協議会会長）、白柳誠一（カトリック東京大司教）の二人のキリスト者であった。

「日本を守る会」発足時の代表委員

表2

氏名	肩書き（当時）	宗教系団体
朝比奈宗源	臨済宗円覚寺派管長	◀
岡田光玉	世界真光文明教団開祖	◀
小倉霊現	念法真教教団燈主	◀
篠田康雄	神社本庁総長	◀
関口トミノ	佛所護念会教団会長	◀
谷口雅春	生長の家総裁	◀
塙瑞比古	笠間稲荷神社宮司	◀
安岡正篤	全国師友協会会長	
岩本勝俊	曹洞宗管長	◀
金子日威	日蓮宗管長	◀
清水谷恭順	浅草寺貫主	◀
伊達 巽	明治神宮宮司	◀
蓮沼門三	修養団主幹	
富岡盛彦	富岡八幡宮宮司	◀
山岡荘八	作家	

宗教系団体 ◀

日本を守る会に参加した宗教者たち

日本の宗教界は戦後、日本基督教団が1967年に発表した「戦争責任告白」を契機に、曹洞宗、カトリック、浄土真宗本願寺派、真宗大谷派、臨済宗妙心派、浄土宗がこれまで、何らかの形で過去の「戦争責任」を表明している。

だがそうした動きは、日本会議に合流していく神社本庁や教派神道、戦前からの流れを汲む新興宗教の大半にとっては、まったく無縁だ。日本を守る会に参加した宗教者らも、そうであったろう。

のみならず戦後憲法に対する挑戦を担った勢力の中心の一つが、神社本庁と他の右派宗教団体であった。これは戦前、国家神道と天皇絶対主義に最後まで抵抗した教団・教派は皆無であり、すべてが戦争に協力し、翼賛する「大日本戦時宗教報国会」（1944年結成）に流れ、「大東亜戦争完遂宗教翼賛大会」を開催するといったような戦前の歴史の反映でもあったのは疑いない。

日本を守る会の「基本運動方針」は、「一、わが国の伝統的精神に則り愛国心を高揚し倫理国家の大成を期する」「一、偏向教育を廃止しひろく教育の正常化を推進する」「一、言論報道の攻勢を求め唯物思想や独裁的革命主義を排する」等で、「伝統的精神」を強調するあたりが、神社本庁の「国民精神昂揚運動」と酷似している。

なお、日本を守る会結成に最も積極的だった朝比奈は、宗教人として奈良薬師寺管長の高田好胤《こういん》（後の日本を守る国民会議代表委員）と並び、メディアでの露出度と知名度が高かった。そして、GHQが「日教組」を作り、「小・中学校の教科書から日本の伝統的意識を全部抹消して、マルクス・レーニンの唯物論的な考え方を吹き付け」たとか、「マッカーサーの日本弱体化政策という謀略的左翼教育」（『覚悟はよいか』 1978年、PHP研究所刊）といった主張を唱えていた。

このため、「強烈なナショナリズムをうたいあげておいて『世界連邦』だとか『国際協調』だとか手前味噌の打ち上げ花火をやってみる。……この恥も外聞もない矛盾したテーゼを提出するあたりは、デマゴーグの権化のようなもの」という、前出の丸山照雄の朝比奈批判は、的外れではないだろう。

さらに丸山は、日本を守る会についても当時、次のような評価を下している。

「神社神道等のウルトラ右翼や生長の家、仏所護念会という札付き教団、あるいは安岡正篤、山岡荘八といった古色蒼然たるイデオローグが結集してしまうことになり、大衆への影響力は失われてしまった。しかし、教団幹部を集めているところから、各教団内で適宜皇道ナショナリズムを浸透させていくという形をとるであろう」（前出、「朝比奈宗源／政治に溺れる道化禅師」）

だが、必ずしも「大衆への影響力」がなかったとは断定し難いように思える。動員力を誇る新興宗教が加わっていたからで、むしろそうした教団の結集軸になることで、「影響力」が生まれたのではなかったか。

「宗教界の政治的再編成」

また丸山は、日本を守る会を「伝統仏教教団の要職者のグループ」で、「一定の宗教勢力として運動を組織化しえない集団」による、「極右勢力の結集」と見なし、この時期における「宗教界の政治的再編成を意図するもの」と指摘していた。そして「戦争を賛美し、それに奉仕し、加担してきた教団が、そのことに対する一片の反省も、自己批判もいいわけもせずに」、「今となれば再び国家ナショナリズムの先兵として極右教団の結集をはかろうとしている」（「日本宗教の政治的汚染」『世界政経』１９７７年2月号）と、批判している。

だが、これは「伝統仏教教団」には当てはまったろうが、繰り返すように日本を守る会には、すでに「紀元節復活」という「運動」に参加し、「運動を組織化しえ」ていた経験を有する神社本庁や佛所護念会教団、生長の家等の新興宗教が加わっていた。むしろ、朝比奈らの「伝統仏教教団」が、こうした新興宗教と結合することで、新たな「宗教界の政治的再編成」が起きたと言えるだろう。そしてその最終的な帰結として、今日の日本会議があるように思える。

朝比奈は1976年9月に大阪市内で開催された「日本を守る・関西の集い」で、当時の活動について次のように発言している。

「世連運動（世界連邦運動）も、今までのような思想的・観念的な運動ならむしろ止める方がよくないかと同志に訴え、その具体策として先ず日本の自由主義を守ろう、日教組の左翼偏向を反省さすよう努力しようと、この二項目を伊勢大会（世連・七二年五月）での基調講演でも述べて大会の承認を得ました。さらにその後一年近く議をねった結果、一般に分りやすいように『日本を守る会』として本部を明治神宮会館に置き、広く国民運動として展開しようと目下、その組織や準備に忙殺されております」

日本を守る会結成直後に田中角栄を訪問

また副島によると、「日本を守る会の結成は、一般紙は例によってほとんど無視したが、神社新報、中外日報その他の宗教紙などには大きく報ぜられ、また国民新聞は、『強力な革命阻止運動へ、六千万人を総結集』」などと報じた（『私の歩んだ昭和史』）というが、この数字は無論、各教団の公表信者数を足しただけにすぎない。それでも動員力を有していたのは、各教団が抱えていた信者数のためであった。

後述する宗教団体・生長の家出身で、当時、日本を守る会の「事務局の中心メンバーとして働きました」と述べている元自民党参議院議員の村上正邦は、「『守る会』をつくろうと言い出したのは臨済宗円覚寺貫首の朝比奈宗源さんだった」としながら、「『守る会』はあくまでも宗教人や文化人の集まりでした。政治家や経済人は『いろんな思惑や利害が絡んでくるから』という理由で入会を受け付けませんでした」（魚住昭著『証言　村上正邦　我、国に裏切られようとも』２００７年、講談社刊）と回想している。

日本を守る会結成１カ月後の１９７４年５月、朝比奈、岩本、富岡、関口（及びトミノの息子の孝）、伊達の代表委員のほか、副島らが首相官邸に田中角栄を訪ね、①伝統的精神に則った愛国心の高揚②天皇の尊厳と名誉を傷つける言論・出版に対する国法上の適切な措置③国旗・国歌・元号の法制化④道徳教育の振興⑤教育の正常化――を要望した。

このうち③は実現するが、不敬罪の復活を意味する②を除き、残りは現在の日本会議の主張と寸部も違わないことに気付かされる。

だが、「高度な経済成長に慢心し、物質的な豊かさにあぐらをかき……エゴイズムが横行する日本」（佛所護念会教団機関紙『佛所護念』１９７４年５月１日号）などと唱えて日本を守る会を結成したのが、その「代表委員」の面々ではなかったのか。であれば、この日の要望相手で、同年７月の参院選挙で空前の金権選挙を繰り広げ、さらにロッキード疑獄を始めとした数々の汚職が次々と暴露されながらも、首相辞任後に「闇将軍」として居直った田中角栄こそ、「エゴイズム」の象徴のはずだ。

だが、決して田中をそのようには見なさなかったのは、「政治に内在化され、政治に従属することによってのみ生き延びることができた」（丸山「日本宗教の政治的汚染」）、宗教勢力のゆえんだろう。なおこの首相官邸での代表委員による年一度の同じ内容の要請活動は、以降も80年代まで続いた模様だ。

「昭和五十年を祝う国民の集い」

さらに日本を守る会は、「全国各地から委員が出席し、互いに情報や意見の交換を行い、その中から得たものをそれぞれが持ち帰って自分の影響下にある大衆に及ぼしていく」（副島『私の歩んだ昭和史』）という、年に3～4回開催の「百人委員会」を内部で組織化。その上で「さらに日本を守る運動の飛躍発展をはかるべく」（同）開催されたのが、翌1975年11月10日の「昭和五十年を祝う国民の集い」であった。

東京・武道館での「国民の集い」には、1万2000人が参加したが、その内容は必ずしも「国民」的ではなかったようだ。

「午後一時ファンファーレを合図に、仏所護念会の関口孝氏が司会して、モラロジー研究所の小山政男氏の開会宣言、円覚寺朝比奈宗源管長の先導により一堂謹んで皇居を遥拝し、続いて国歌斉唱ののち明治神宮宮司伊達巽氏が主宰者を代表して式辞を述べ」た。

さらに、「政府代表福田赳夫（副総理）、政界代表船田中（衆議院議員）、産業界代表永野重雄（日本商工会議所会頭）、法曹界代表石田和外（前最高裁長官）」らの「祝意表明」があり、「生長の家中林政吉理事長が議長となって大会宣言を採択、神社本庁篠田康雄事務総長の発声によって、天皇陛下万歳を声高らかに三唱し、念法真教長谷川霊信教務総長の閉会の辞によって式典を終了した」（副島『私の歩んだ昭和史』）という。

こんな調子では、「1万2000人」の実態も知れたものだ。大多数の参加者は、右派新興宗教の信者たちだったのだろう。一方で、日本を守る会が、「運動として今日の反動的国民運動の拠点、総司令部としての役割」を「発揮」している（中島三千男「今日における政治と宗教」『歴史評論』1980年3月号）という評価も生まれていた。

つまり、元号法制化運動（後述）が高揚するきっかけは、翌1976年11月に武道館で開かれた政府主催の「天皇在位五十年記念式典」だったが、当時の首相の三木武夫は「天皇問題が政治問題に発展し、国論が二分化するのを恐れ」て、最初は開催に慎重だった。にもかかわらず、「前年（注＝1975年）一年間にわたって神社本庁等の『日本を守る会』参加団体が行った全国での奉祝運動と、それを集約するかたちで十一月に武道館で行われた日本を守る会主催の『昭和五十年を祝う国民の集い』を背景とした政府への圧力」（同）によって、政府主催の「式典」が翌年開催されることになったのだという。やはり、新興宗教団体が結集した動員力が、日本を守る会について「総司令部」という評価を生んだということか。

全国各地で開催される「ブロック大会」

日本を守る会は、全国各地でも「ブロック大会」を開いているが、そこでも同じような光景であった。以下は、1979年10月の、福岡市における「日本を守る九州大会」（2500人参加）の報告だ。

「『日本を守る会』は結成以来五年を経過、五十年に日本武道館で昭和五十年を祝う国民の集い翌年は大阪で関西大会、次は札幌で大会、東海大会は名古屋でその翌年、一昨年からは元号国民会議を組織して法制化を推進、本年六月法案は成立した。会は戦後の運動団体としては最大規模といわれるまでに生長し、正しい民族精神覚醒のため、混乱を続ける戦後日本の新道標として注目されている」

「このままゆけば祖国は滅びるという危機感に、日曜を返上した九州人が猛奮起して一堂に集まった。神社、佛教、教育、文化各界の動員に呼応、当教団でも九州地方協会会員が圏内で四百名、別府中心に他県からも応援がかけつけ計五百四十名が参加した」（『佛所護念』1979年11月1日号）

つまりこの記事によれば、佛所護念会教団だけで全体の2割以上を占めていたことになる。これで他の新興宗教教団を加えれば、2500人という数はそれほどハードルが高くないはずだ。そのため日本を守る会が、このような動員力以外で、「国民」的な基盤があったかどうか疑わしいのは事実だろう。

明治神宮をめぐる一連のスキャンダル騒動

また、中央の事務局は、明治神宮内に設置されていた。前出の村上正邦は、次のように内幕を語っている。

「事務局を明治神宮会館内に置き、会の事務局には明治神宮の権宮司だった副島廣之さんが、総務局長には後に明治神宮の宮司になる外山勝志さんが就任した。

明治神宮は何といっても明治天皇を祀った神社ですから、格が高いうえに資金力もあった。だから

『守る会』の運営拠点のような存在になったわけです」（『証言　村上正邦　我、国に裏切られようとも』）

なお、この明治神宮宮司の外山勝志は、後に日本を守る国民会議の代表委員や、日本会議結成時の代表委員にも就任。日本会議結成5年を迎えた2002年11月には、次のような「各界」からのメッセージを披露している。

「戦後日本は、わが国全体が占領下にいわば〝拉致〟されて、異質の文化・価値基準の世界になじまされ、洗脳され乍ら出発したようなものです。そのマインドコントロールからいまだ目覚めずにいる個人・団体・公機関が、本来の日本とは埒外の〝戦後日本〟の精神風土をきづいてきてしまいました。がしかし、戦後半世紀に及んでやっと憲法からしてその元凶であることが指弾されはじめ、教育基本法もわが国の伝統精神に基づくものに改正される動きが見えてきました」（日本会議のＨＰより）

だが、こうした「愛国的」発言から2年後に、外山は明治神宮をめぐる一連のスキャンダル騒動の主人公となる。２００４年に「昭憲皇太后様九十年祭」に先立つ天皇皇后の「御参拝式」の案内状に、「陛下」を「殿下」とする誤記があったとして右翼が「不敬」だと騒ぎ出し、さらにこの処理をめぐって神社本庁と対立した明治神宮が、本庁から離脱（２０１０年に復帰）。その過程で、右翼を怖がってボディガードまで付けた外山の「明治神宮私物化」や、素行不良が問題になった。

たとえば、①世田谷の豪邸購入費を出入りの業者に負担させた②神職でもない身内の人間に、年間１００億円以上の売り上げがある「明治記念館グループ」の実権を握らせた③ゴルフ三昧、ワイン三味で、総務部長時代は銀座で豪遊し、ハイヤーで深夜に職舎に帰り、昼はまともに仕事をしなかった――等の、「神職にはあるまじき」数々の疑惑・悪評が、一部メディアで披露されたのは記憶に新しい。外山のような、「愛国心とは、ならず者達の最後の避難所である」というサミュエルソンの格言を地で行く例は、右派内では珍しくない。だが明治神宮からは、副島の後を継いで日本を守る国民会議の事務総長となる毛利就義（権宮司）、日本会議代表委員の中島精太郎（宮司）、日本会議理事長となる田中安比呂（権宮司）、戸澤眞（権宮司、明治神宮崇敬会理事長）、男成洋三（権宮司、明治神宮崇敬会理事長）らを輩出している。この面々は、外山のスキャンダルをどう考えているのか。

もともと元号は中国の制度をまねたもの

そして副島によれば、日本を守る国民会議の前身の「元号法制化実現国民会議」は、この外山が「総務局長」をしていた日本を守る会を「母体にして生まれた」（『私の歩んだ昭和史』）という。

もともと元号は中国の制度をまねたもので、神社勢力が主張するような「日本の伝統」とは厳密には呼びがたい。日本では長らく、支配者が領土・領民に留まらず、時間をも支配し、その使用は支配者への服従を意味するとされた。日本は天災や疫病の流行、内乱などが起きるたびに「伝統的」に元号が「まじない」のように変更（改元）されていた。

ところがこれもまた、明治政府によってそうした「伝統」が変えられ、天皇を権威づけるため、1868（慶応4）年9月8日の「一世一元の詔」により、歴史の流れを天皇の生涯によって区切っていく「一人の天皇に一つの元号」の制度となった。そしてGHQにより、一世一元制が定められた皇室典範の改訂で、元号制度そのものが廃止されてしまう。

日本が1952年に「独立」した後も、国民は昭和という元号を惰性で使用していたが、当時の天皇裕仁がいずれ死去した後、元号がどうなるか未知の状態であった。天皇を中心とし、その神的権威をもって国民を「教化」する国家を目指す神社本庁にとっては明治国家と同様、一世一元制は欠くべからざる制度であろう。

実際、彼らは「この元号制度が『天皇制強化になる』『天皇制復活につながる』と反対派が口を揃へて反対したやうに、皇室と国民を日常生活を通して一体として結びつける国民統合の効果がきはめて濃厚であった」（前出木田孝朋「紀元節復活運動の経過と意義」）と、その政治的狙いを公然と認めている。

また神社勢力においては、一世一元制による「皇室と国民」の結びつき強化こそ、「日本伝統恢弘」に他ならない。同時にそれは、「占領体制・占領軍の日本弱体化政策により混乱させられた日本の中にあって、現体制でなしうる最低限度の国体をまづ恢復」（神社本庁時局対策本部編『神社本庁時局対策資料第十八集　伝統回帰への潮流─元号法制化運動の成果─』1979年7月刊）する試みとして、明確に位置づけられていた。

日本会議につながる主張がここに

1930年代に頂点に達した神がかり的軍国主義の特徴の一つが、「国体」なる用語の乱発であったことを想起すると、安易に「国体」を「恢復」するなどと唱える集団の、おぞましい時代錯誤を感じざるをえまい。そもそも江戸期の二百数十年間に及ぶ幕藩体制で「皇室と国民」の結びつきなるものがいかほどであったか知るならば、本質的に彼らの「日本伝統恢弘」なるスローガンは、著しい歴史の無理解を示していることが理解されるだろう。

この点で、現在の日本会議の「皇室を敬愛する国民の心は、千古の昔から変わることはありません。この皇室と国民の強い絆は、幾多の歴史の試練を乗り越え、また豊かな日本文化を生み出してきました」（日本会議のHP「日本会議の目指すもの」より）などという主張も、同様にほかならない。

いずれにせよ、元号法制化運動が本格化する上での伏線となったのは、1968年の「明治百年奉祝」の動きであった。『神社新報』は先を制するかのように1965年6月11日号の「論説」で、以下のように主張している。

「政府では、明治百年の記念を昭和四十三年の十月二十三日を期して執行することに決めた。これは明治元年の改元の日（旧暦九月八日）を新暦に改めて定めたものである」

「そのことは、政府に明治の維新的元号制の意義を明らかにする責任のあることを意味するといってもいい。われわれは政府がこの日の意義を明らかに示し、元号制度の安定的確立のために立法措置を構ずべきを要求するものである」

神社界が全力をあげた元号法制化の運動

要するに、明治という一世一元の元号制度を前提として「明治百年」を「奉祝」するのであれば、元号を法制化せよ、という主張だ。このため1968年以降も、「神社界は全力をあげてこの元号法制化の運動に取り組むことになった。毎年神社本庁評議員、全国神社総代会代議委員会も『一世一元の制法制化』を決議、政府・自民党に熱心に働きかけた」（前出『伝統回帰への潮流』）とされる。

さらにこの運動がより飛躍するきっかけとなったのは、続く1976年の前述した「昭和五十年を祝う」昭和天皇の「御即位五十年記念」であったろう。「明治」に次ぎ「昭和」という「時間軸」への意識が、一世一元制度への情熱を駆り立てる形となった。

「この天皇陛下の御治世五十年を記念しての事業として、国民統合の実をあげられる元号法制化の運動こそ、もっともふさはしいものであり、長年、法的根拠をあいまいのままに放置されてきた元号制度を再び明確にするのにも、この機会はまたとないチャンスと考へられたからである。署名運動は神社本庁・神道政治連盟をはじめ全国神社総代会・神青協（注＝神道青年協議会）・氏青協（同全国氏子青年協議会）・敬神婦人会・神保連（同全国神社保育団体連合会）・全神協（同全国神職協議会）・神ＳＳ協（同全国神社スカウト協議会）など、神社界の組織をあげてとりくむことになった」（前出『伝統回帰への潮流』）

「天皇陛下御在位五十年奉祝」

1976年11月2日には、「天皇陛下御在位五十年奉祝」の政府式典と並び、全国各地で「奉祝」行事が催された。東京での参加者は「シンガポール陥落のパレードいらいの、百万人といふ大盛況となった」（同）というが、1978年10月8日の極めて広範な各界の有力者を結集した「元号法制化実現国民会議」の結成を経て、1979年6月6日に元号法が国会で激しい論戦の後に成立する。

前出の村上正邦は、この「大盛況」ぶりについて以下のように内幕を披露している。


「日本の宗教界が結集して生まれた『守る会』がまず取り組んだのが、前にも触れた昭和天皇のご在位五十年の奉祝行事でした。

あの、（都心の）中央通りを埋め尽くした提灯行列は『（日本を）守る会』に集まった佛所護念会（本部・東京）、念法眞教（総本山・大阪市）などの新宗教団体や、明治神宮の崇敬会、神社本庁などが動員したものだったんです。

この奉祝行事の成功が、その後のさまざまな国民運動のスタートになり、『（日本を）守る会』は次に元号の法制化に取り組むことになりました」（『証言　村上正邦　我、国に裏切られようとも』）

このように、「紀元節復活」に続く「天皇在位五十年奉祝」の熱気に後押しされた「一世一元制度復活」の運動は、神社勢力や右派宗教教団に、さらに新たな統一戦線的性格を有した政治勢力の結集を促した。それが、前出の「元号法制化実現国民会議」の結成にほかならない。以下、副島の回想。

「国民会議は設立準備委の事務局会議が（1978年）六月十九日より七月十五日まで五回にわけて行われ、呼びかけ人に石田和外（元最高裁長官）、徳川宗敬（神社本庁統理）、永野重雄（日商会頭）、山岡荘八（作家）、大浜英子（元中央選管委員長）、細川隆元（評論家）、春日野清隆（日本相撲協会理事長)、宇野精一(東大名誉教授)、黛敏郎(作曲家)、天地清次(同盟会長)の諸氏を依頼するほか、趣意書、規約、運動方針案などを決定」した。(副島『私の歩んだ昭和史』)

『元号法制化実現国民会議』の結成式

そして7月18日、「元号法制化をめざす国民運動の統一機関『元号法制化実現国民会議』の結成式が、赤坂プリンスホテルにおいて盛大に挙行された」が、出席者は国会議員124人を含む約600人だったという(同)。

繰り返すようにこの「元号法制化実現国民会議」は、「日本を守る会」が「母体」となり、両団体とも事務総長は副島が担当していた。同年11月には東京・武道館で同「国民会議」主催の一万人が参加した「総決起国民大会」が開かれたが、ここでも「動員の中心は生長の家や佛所護念会、念法眞教、世界真光文明教団。それに明治神宮や神社本庁といった(日本を)『守る会』に結集した宗教団体でした」(『証言 村上正邦 我、国に裏切られようとも』)という。

だが、「日本を守る会」のような右派教団中心の結集体から脱し、政・財界人や知識人も交えたより広範な政治団体が誕生した意義は、影響力の拡大という意味で大きかったはずだ。それは「紀元節復活」運動から一段と飛躍した、右派宗教勢力による大衆運動の新たな成果でもあったろう。

同時に、1975~6年の昭和天皇の「在位五十年奉祝運動」→1977年の「元号法制化運動」の活発化→1978年の日本を守る国民会議(日本会議の前身)の前身である元号法制化実現国民会議の結成→1979年の元号法制化、という一連の経過が持つ政治的意義について、改めて今日、考察する必要があるだろう。それは、以下のような元号法制化を実現した勢力の側の総括を知ると、より不可欠のように思えてくる。

「昭和五十年以前は戦後象徴天皇制が最大の危機に晒されていた時期でした。皇室誹謗文書の氾濫、新左翼過激派による相次ぐ皇居乱入事件、沖縄を訪問された皇太子殿下御夫妻や東宮御所等に対する火炎ビン投下事件、新年一般参賀時に陛下めがけて撃たれたパチンコ玉事件等々、誠に由々しき事件が相次いでおこりました」

「こうした中で、保守陣営から今上陛下御在位五十年奉祝運動、元号法制化運動は提起されたのでした。そして、この運動の勝利により、象徴天皇制の危機は克服され、国際情勢の変化と相俟って、国民の精神潮流、時代思潮を大きく変え、今日、マスコミの言う所謂〝保守復調ムード〟が到来したわけです」（椛島有三「日本青年協議会結成10周年記念式典　新たな闘いの壮途に立ちて」日本協議会・日本青年協議会機関誌『祖國と青年』１９８１年1月号。日本青年協議会については後述）

この程度の「事件」で「戦後象徴天皇制が最大の危機に晒されていた」かどうか別として、おそらく昭和天皇の「在位五十年奉祝運動」の高揚なくして「元号法制化運動」の拡大と、そこでの日本会議結成に至るまでの広範な右派勢力結集は困難であったように思える。「新左翼」や市民運動の衰退が顕著となる一方で、天皇という存在に何らかの社会的熱情がかつてなく集中していくような趨勢は、明らかに70年代半ば以降の右派勢力伸張に有利に働く要因となったのではないか。

推進側は「元号法制化の運動は、とくにその最終局面においては大きな国民精神昂揚の潮流にのって進められた。この元号法制化の運動成功の背景に、いま、祖国日本が激しい勢ひをもって伝統回帰、保守化の流れに乗りつつあることも見失ってはならない」（前出『伝統回帰への潮流』）とも豪語しているが、長い目で見れば神社本庁を始めとした右派宗教勢力が生みだしえた「保守化の流れ」の一つの帰結として、おそらく日本会議という存在があるように思える。

「右翼的新興宗教」の代表格・生長の家

そして、新たな「運動成功」は、神社本庁と事務局を提供し続けてきた神社本庁加盟の明治神宮といった神社勢力だけには帰せられないだろう。これまで見てきたように、神社勢力以外の右派宗教団体も重要な役割を果たしてきたからだ。

しかも、「神社神道は『格式』は高く風袋は大きくても、その思想内容は貧弱で、官僚制やボス体勢の援助なしでは独自の組織力、動員力は乏しい」、「そこで右翼的大衆運動の段階になると神社神道の権威と右翼的新興宗教の大衆的行動力とのコンビが、登場することになった」（佐木秋夫「天皇制の復活強化と宗教右翼」『歴史評論』１９７８年６月号）という評価も存在していたのは事実だった。そしてこの「右翼的新興宗教」の代表格こそ、生長の家だった。

生長の家の創始者・谷口雅春（１８９３年～１９８５年）は戦時中、国家神道と共に戦争協力の先頭に立ち、戦後は公職追放となった。谷口は戦後、戦争協力について行き過ぎがあったとし、「仮面愛国者の恫喝を防ぐため、やむなく」やった（生長の家機関紙『生長の家』１９４５年12月号）などと不可解な弁解をしている。

だが、すぐにファナチックな右翼として戦後の宗教界に登場し、「占領憲法の無効宣言を行ない、そして明治憲法の復元宣言をなすことは、改憲よりも余程手数が省け、しかも内乱的争闘の起こる危険がない」(生長の家機関誌『聖使命』1956年2月号)だの、「天照大神の御生命が、本当に現実に天皇陛下に輝きいでて、そして日本の政治に天照大神の御心がそのまま映し出され……そういう政(まつりごと)が行なわれなければならない」(1981年3月1日の生長の家立教50周年記念式典における発言)だのと説きまわった。神戸市の本住吉神社の「大神」からの「霊感」で「真理を掲示された」と称する谷口と生長の家こそ、神社本庁にとっては理念上、同じ基盤に立ちうる共闘者であったろう。

実際、生長の家の政治集団としての登場は、戦後、神社本庁と同程度に早かった。

「この紀元節を祝おうという動きが表面に現れたのは昭和三十一年の二月十一日からだった。紀元節が占領軍の指令で国民の祝日から除外されたのは昭和二十三年であったが、終戦後十年を経過したこの年に、約百に近い団体が連合して二月十一日に紀元節奉祝国民大会が開催された。会場は東京神田の共立講堂だった」

「大会は午後一時五十分からだったが、それに先立ち、十一時半には日比谷公会堂前の広場に約三千名が集合し、隊列を整えて日の丸行進を行ない、大会場に向かった。青年会を中心にした生長の家のグループの行進はさすがに訓練をつんでいて一番立派だったという評判だった」(生長の家本部編纂『生長の家四十年史』1969年11月、日本教文社)

改憲運動でも積極的な役割を果たす生長の家

その後、生長の家は「国旗掲揚国民運動」を担うと同時に、改憲運動でも積極的な役割を果たしていく。

「昭和四十四年五月二日、東京日本武道館において、生長の家を中心とし、各団体の参加による『自主憲法制定国民大会』が開催された。実行委員団体は生長の家のほか立憲養正会、日本退職公務員連盟、道徳科学研究所（注＝現在のモラロジー研究所）、政治刷新国民運動本部、国際勝共連合、日本栄養士会、三五教（注＝現在のオイスカインターナショナルの母体。同団体総裁の中野良子は、日本会議代表委員）、軍恩連盟全国連合会、国士舘大学であった。またこの大会には、これまでの生長の家の各団体との提携が実績となり約二〇〇の団体が賛意を表してこれに参加した」

「同大会は参加者約一万八千名、来賓として百十名（代理を含む）の国会議員が出席した。本大会においては谷口雅春先生及び細川隆元氏の記念講演があり、『諸悪の因、日本国憲法』の所以が参加者の心に点火され『この大会の目的である自主憲法の日を速やかに迎えんがために、自主憲法国民会議を発足させるべきである』という緊急動議が、参加団体の立憲養正会、仏所護念会、日本郷友連盟の連名で提出され、満場一致で採択された。大会終了後、実行委員会代表者の協議により、生長の家政治連合本部に事務局を設けて運動を進めることを決定した」（『生長の家四十年史』）

この「自主憲法国民会議」は、元首相の岸信介を初代会長とする自主憲法制定国民会議を指す。現在は、新しい憲法をつくる国民会議という名称も併用しており、役員・顧問には宗教関係者が見当たらないため、日本会議結成に至る神社本庁ら右派潮流の系列とは距離を置いているかのような印象を受ける。

また、この生長の家の政治団体である生長の家政治連合（生政連）は、1964年に結成。①現憲法廃止②伊勢皇大神宮、靖国神社の国家祭祀実現③マスコミの偏向報道是正——等を掲げ、1965年7月の旧参議院議員選挙全国区に、自民党から出馬した玉置和郎を第三位で当選（約85万4000票）させ、集票力を示した。生長の家信者だった村上正邦も、生政連所属の議員であった。

その後も生長の家は元号法制化運動にも力を注ぎ、一時期までは自ら「天皇陛下御在位五十年奉祝行事、建国記念の日奉祝の政府後援の実現、元号法制化勝利の愛国運動の中核、生長の家が次に目指す『憲法運動』に向かって如何なる情熱と力を……結集させるか、世が注目している」（『生長の家』1980年7月号）と豪語していた。

前述の日本を守る会との関係についても、「一九七六年から開催してきた（日本を守る会の）地方大会を支えてきたのは、生長の家地方組織であった」とされ、また同じ1976年の「天皇在位五十年奉祝行事の盛り上げに成功して、右翼運動の中軸の位置を確立した」（日隈威徳「生長の家の『教義』と運動」日本共産党理論政治誌『前衛』1983年6月号）との評価も、生まれている。

影の舞台装置

日本会議の柱は神社本庁や右派宗教団体だが、特に運動の推進力となったのは生長の家や関連団体の日本青年協議会（日青協）メンバーだった。実務能力に長けた彼らは、改憲を戦略目標にする遠大な政治闘争に乗り出した。

だが、日本会議との関連で注目すべきは、生長の家自身よりも、その関連団体で、１９７０年11月に結成された日本青年協議会（日青協）の方のように思われる。彼らは70年代の神社本庁が主導した運動に積極的に関与することで、日本会議結成へと至る過程で重要な役割を果たした。

「天皇陛下御在位五十年奉祝の東京大会を計画し、実行したのは、在京の日本青年協議会・生長の家・各宗教教団・神社界・民族派諸団体などの青年たち、それにみこしをかつがうと集った青年たちのグループ、若い根っこの会など、その大半は若い層の人々であった。
彼らはこの奉祝行事が大いに盛り上ったのに強い自信を持ち、その中の人々の中から、進んで『元号』の問題にも力を入れようとの機運が盛り上って来た。
中でも、もっとも積極的にこの『元号』問題にとりくむ姿勢をつよめたのは、かねて現憲法粉砕の運動をおこなひ、また教育界の正常化の運動を、教育の現場から果たしていこうとの運動を展開してきた日本青年協議会（代表椛島有三氏＝略称日青協）である。日青協は学生、青年教師、会社員などで構成される組織だが、この日青協の元号問題への積極参加は、その後各層の青年団体がこの問題に加はるキッカケともなり、以後の運動を大きく盛り上げるのに力になった」（前出『伝統回帰への潮流』）

この日青協が果たした役割については、明治神宮宮司の中島精太郎が２０１１年11月、日青協の結成40周年記念大会で述べた以下のような来賓祝辞が、多くを示唆している。

「顧みますと昭和四十九年、宗教界と各界の有識者を中心に『日本を守る会』が結成され、先輩の皆さんが明治神宮に事務局を置いたことが、今日の国民運動の始まりでありました。その後の『日本を守る国民会議』、そして『日本会議』と国民運動の広がりと共に変遷を見てまいりましたが、その間、常に日本青年協議会の皆様はその中核として活動され、数々の重要な役割を果たされてこられました」

「私ごとになりますが、三十数年前の青年期において、昭和五十三年に結成された『元号法制化実現国民会議』の初代のキャラバン隊で、当時の日本青年協議会の諸兄と共に、元号法の成立に向かって慷慨気節を養うことができました。その時代から日本青年協議会の皆様とは親交を深めてきておりますが、中でも椛島有三会長を中心に幹部の皆さんには、私が日本会議の理事長を仰せつかった折に、大変お世話になり友誼を育んで今日に至っております」(『祖國と青年』２０１１年11月号)

副島廣之と並ぶキーマン・椛島有三

ここに登場する日青協現会長の椛島有三は、日本会議の現事務総長であり、日本会議の系列団体の「美しい日本の憲法をつくる国民の会」の事務局長も兼任している。さらに、日本会議の前身の日本を守る国民会議の事務局長、さらにその前身である元号法制化実現国民会議の事務局長も歴任しているが、中島のこの証言では、日本を守る会の事務局にも関与していたことになる。したがって椛島こそ、副島廣之と並んで日本会議の組織とそれへの結成に至る運動経過について、すべてを知っているキーマンであるのは間違いない。なお椛島は、日青協の上部団体である日本協議会の会長でもある。

椛島の経歴については、前出の村上の次のような証言が詳しい。

「元号法制化に『(日本を)守る会』の発足前から取り組んでいたのが、『生長の家学生会全国総連合(生学連)』と、その上部団体である日本青年協議会(青協)でした。

当時、青協の委員長を務めていたのが、後に自民党代議士になる衛藤晟一さん(現参議院議員)で、書記長が、後に『日本会議』の事務総長になる椛島有三さんでした」

「なかでも椛島さんはもともと長崎大で民族派の学生運動をやっていた人で、全共闘や共産党系の民青を相手に闘って自治会の主導権を奪還した経歴を持っていた。

彼は谷口（雅春）先生の教えに心底傾倒していたから、大学卒業後に東京に出てきてからも貧乏しながら一途に青協で民族派の運動をやってきた。生学連の出身者は大学を出ると教団本部で働くケースが多かったんですが、彼はそうしなかった。教団に入ると、どうしても生長の家だけになってしまい、幅広い大衆運動ができなくなると考えたのだと思います。

そういう意味で彼は生粋の大衆運動家だった。天性のオルガナイザーと言ってもいいでしょう。しかも、彼は名誉栄達や金を求めなかった。面倒見も良かったから学生たちから尊敬された。かれが一声かければ動き出す若い人たちが全国各地にたくさんいました」（『証言　村上正邦　我、国に裏切られようとも』）

この「生学連」は、「もっぱら生長の家の会員を増やす宗教的オルグ」（日隈「生長の家の『教義と運動』」）であったとされる。それとは別の九州を中心とした反全共闘の学生組織である「全国学生自治体連絡協議会」（全国学協。後に全国学生協議会連合に改称）のOBを中心に結成されたのが、日本青年協議会であった。全国学協には「生学連」メンバーのみならず生長の家以外の右派学生もおり、村上が述べるような「生学連」の「上部団体」が日青協という理解は、少し違うようだ。

政治運動から「絶縁」した生長の家

また日青協のHPにも、「昭和45年に結成され、日本を呪縛する戦後体制の克服、歴史と伝統に基づく祖国再建の志の下、大学教授や研究者、政治家や地方議員、小・中・高校の教師、実業界などの様々な分野で活躍する多くの人材を輩出し、社会に貢献すると共に、戦後の歪みを正し伝統文化を継承する青年活動を展開して参りました」とあり、生長の家との関係や、谷口雅春の教義には何も触れていない。

さらに椛島自身は、日青協について、次のように説明している。

「私共の運動は、昭和四十年前半の学園紛争当時、九州の一角、長崎におきまして、始まりました。その当時、私共はあの大学紛争で全国の大学がヘルメット・ゲバ棒・投石で乱舞する学園状況だけは許すことができないと決意をもった次第です。……ということで長崎大学の自治会をゲバ学生から奪権したところから我々の運動は始まりました。国立大学では全国で初めての自治会の正常化であったわけですが、その運動が始まりまして私共は今日に至っております。

昭和四十五年十一月二十五日に三島由紀夫先生・森田必勝さんが市谷台上で自決されますが、その同じ年、同じ月に学生運動を卒業しましたグループが中心となって先程申しました通り日本青年協議会を結成いたしました。以来、我々は十年の間、どちらかと言えば各地で地味な活動を青年運動・社会運動として続けてまいりました。先生方の御指導をいただきまして、御在位五十年の奉祝運動、元号法制化運動に参加させていただき……あの大学紛争の中から十年の間、運動を続けてきてよかったという実感をいたしました」（椛島「日本青年協議会結成10周年記念式典　開会の挨拶　国家の明確な指針持つ集団めざして」『祖國と青年』１９８１年1月号）

ただ重要なのは、１９８３年になって日青協の本来の母体とも言うべき生長の家が突如政治運動との「絶縁」を宣言し、「生長の家政治連合」も解散状態となった。これに伴う混乱について、村上は以下のように説明している。

「(注＝初代総裁の)雅春先生は大東亜戦争は聖戦であり、明治憲法を復元すべきだと訴えておられたが、(生長の家第3代総裁の谷口)雅宣さんは明治憲法の復元どころか改憲も主張しなくなった。挙げ句の果てにはあの戦争は侵略戦争だったから日本がアジア諸国に謝罪するのは当然とまで言うようになった」

「こうした生長の家の路線転換に生政連や生学連(生長の家学生会全国総連合)などを拠点に活動してきた人たちが反発した。彼らは雅春先生の教えを勝手に変えるのはおかしいと訴えた。でも雅宣さんから見れば、従来の生政連は実質的に(元参議院議員の)玉置和郎中心の路線だったから、その路線で突っ走ってきた活動家たちを信用できない。それで『こいつらはダラ幹だ!』とかなんとか言って切ってしまうわけです」

「雅春先生の薫陶を受けた優秀な民族派の活動家はたくさんいました。たとえば『日本を守る会』や『日本を守る国民会議』の事務局を切り盛りしていた椛島有三さん(現日本会議事務総長)。後に安倍首相のブレーンといわれるようになる伊藤哲夫さん(現日本政策研究センター所長)、『新しい教科書をつくる会』の副会長になる高橋史朗さん。さらには自民党衆議院議員として活躍する衛藤晟一さん(現参議院議員)。それに教団の幹部職員から私の秘書になり、平成七年(一九九五年)に参院議員になる小山孝雄さんたちです。

彼らは生長の家の路線転換に伴って教団から排除されたり、自ら離脱したりした。そして政治や教育や国民運動など、それぞれの分野で雅春先生の教えに従って独自の活動を始めるわけです」（『証言村上正邦　我、国に裏切られようとも』）

このことは、生長の家が神社本庁とともに有力な宗教団体として右派大衆運動を担った時代が終わりながらも、以後、繰り返すように谷口雅春の強烈なイデオロギーを受け継いだ集団が、教団の動きとは別に、右派大衆運動の中枢を掌握していった一面の事実を示していよう。実際に椛島は、日本を守る会→元号法制化実現国民会議→日本を守る国民会議→日本会議の、すべての事務局に参加していた。

なお生長の家は２０１６年６月９日、「『日本会議』という元生長の家信者たちが深く関与する政治組織」があり、「元生長の家信者たちが、（創始者の）すでに歴史的役割を終わった主張に固執して……隠密的活動をおこなっている」のは「慚愧に耐えない」とする声明を出した。

上述した点から日本会議とその結成に至る運動の内部に、神社本庁による「国体」の「恢弘」という枠組みには留まらない、別種の勢力の秘められた関与を見出すことは可能かもしれない。おそらく右派陣営で、そのような指摘をしているのは、電気通信大学名誉教授の西尾幹二ぐらいだろう。西尾はかつて「新しい歴史教科書をつくる会」の初代会長として、日本会議に繋がる右派論者の多くと結び、日本会議の機関誌『日本の息吹』にも登場した経緯があるが、現在は袂を分かっている。

「ある若い方が日本青年協議会という団体の青年部に入って修行しようとしたときに……葦津珍彦《うずひこ》先生、三島由紀夫先生、小田村寅二郎先生、谷口雅春先生のご意志を受け継ぎ、天皇国、日本の再建を目指しますということを宣明させられて」、「これが日本青年協議会。これは日本会議の母体で、日本会議はこれの上部団体ですから。今でも日本青年協議会は存在し、組織は日本会議と一体です。同じ場所にあるんです。……日本会議の事務局は全部、生長の家です。日本青年協議会というのも当然生長の家グループらしい。カルトですね」

「隠しているんですね。自分たちが隠れて、偉い先生、裁判官とか、大学教授とかを表に並べて、そして実権を握っている事務局は後ろに隠れて操作しているんです。神社本庁も操られているかもしれない。それが保守運動を壟断するから困る」

「世の中の大半の人は日本会議や国民文化研究会や日本政策研究センターのような保守系のカルト教団のことは名前も知りません。私もずっとそうでした。日本会議の前身である黛敏郎さんらの日本を守る国民会議というのがあるのを知っていましたが、私は近づきませんでした。ある種のファナティシズムの匂いがすごくいやだったのです」（西尾、平田文昭『保守の怒り 天皇、戦争、国家の行方』2009年、草思社）

すでに政治運動から撤退した生長の家が、「日本会議の事務局」を牛耳っているかのような断定は、正確ではあるまい。また、日本会議と日青協は東京都内目黒区の同じマンションの同じフロアに本部があるが、前者は後者の「上部団体」ではない。特定の「カルト」によって「神社本庁も操られているかもしれない」と推測するのも、根拠に乏しいだろう。以下は、村上の回想。

「『（日本を）守る会』が元号法制化運動に取り組み始めたとき、その椛島さんが事務局に加わってくれたんです。彼は全共闘や民青と闘いながら大衆運動をしてきたから、いろんな戦略や戦術に長けていた。各地で人手が必要なとき、青協の学生たちを動かすこともできた。

例えば、『守る会』が昭和五十二年（一九七七年）秋から元号法制化を求める地方議会決議運動を始め、翌年七月までに全国四十六都道府県の千六百三十二市町村の議会決議を達成するんですが、この『地方から中央へ』という戦略を考え出したのも椛島さんでした。

私はその椛島さんと二人三脚でことを進めてきたんです。一方の明治神宮からは前に述べた外山勝志さんと、いま明治記念館の館長をしている毛利義就さんが出てきて『守る会』の実務を担当した。会の事務局は事実上、生長の家と明治神宮の二本柱で構成されていたといってもいいでしょう」（『証言　村上正邦　我、国に裏切られようとも』）

毛利は前述のように、日本を守る国民会議の事務総長だった人物。また、椛島の長崎大学の後輩で、全国学協のリーダーだった犬塚博英は、日青協が「保守系最大の国民運動団体『日本会議』の事務・運営部門をほとんど掌握し、地方組織に至るまで専従員を配置している」（「我が体験的維新運動史第15回」『伝統と革新』第15号　２０１４年4月30日）と述べている。

各地で活躍する「キャラバン隊」

いずれにせよ、現在の日本会議は最初、臨済宗僧侶・朝比奈宗源のイニシアチブによって、明治神宮内に事務局を置く右派宗教教団が集う前身の日本を守る会が結成。そして以降、従来の右派宗教集団では持ち得なかった、左翼との闘いを通じた大衆運動のノウハウと経験を有する一群の思想集団がその事務局を担うことで、今日の地位を得たかのように考えられる。

ちなみに、前出の中島の祝辞に登場する「キャラバン隊」は、現在も日本会議によって継承されているが、村上によれば「椛島さんが（元号法制化実現国民）会議の事務局として戦略を考え、世論を盛り上げるため全国四十七都道府県にキャラバン隊を派遣したりした」（同）という。

この「キャラバン隊」は当時、神社本庁を始めとする神社勢力から、高い評価が与えられた。その活動については、前出の副島が語っている。

「（『元号法制化実現国民会議』）結成後の初の活動として、地方県民会議結成と元号法制化への世論喚起および未議決県の議会決議完了を目指して、（１９７８年）八月五日から二十五日まで第三次全国縦断キャラバン隊を東日本隊、西日本A隊、西日本B隊の三隊に分けて派遣した」

「キャラバン隊は各都道府県代表者要人の訪問、炎天下における街頭情宣あるいは集会、映画上映等を行い、各地に県民会議の結成を促し、県民会議の結成あるいは結成準備会の開催など大きな成果をあげて帰京し」た。（『私の歩んだ昭和史』）

１９７９年の元号法の成立

また副島は、１９８０年11月２日に開かれた日青協の結成10周年集会であいさつした際、「元号運動を省みまして、皆様方がいらっしゃらなければ……元号法制化が目出たく成立するということには至らなかったのではないか」との賛辞を添えて、次のように語っている。

「皆様方には十年間色々な活動を続けてこられましたが、特に御在位五十年から、元号問題にかけての御活躍振りは、私もその運動に参加した一人として、頭の下がるような思いをいつも致しておりました。あの元号運動につきましても、私は皆様方の着想の良さと申しましょうか、全国市町村にわたる元号法制化の決議運動、これが非常に功を奏した様に思います。私などは、そういう発想をすることができませんでしたが、やはり皆様方の若い頭、柔軟な頭脳というものは、素晴らしいと思いました」(「日本青年協議会結成10周年記念式典　激励の言葉　一日も早く新たな国民運動の展開を」『祖國と青年』１９８１年1月号)

また、後に日本を守る国民会議の議長となる黛敏郎も、「本当にあなた方の力があったからこそ、世論が盛り上って最終的には政府も元号法制化に踏み切らざるを得なかった」(「日本青年協議会結成10周年記念式典　激励の言葉　あと十年を目標に憲法改正を」『祖國と青年』同)とまで称賛している。

日青協という、生長の家の創始者に「心底傾倒していた」一群の集団は、「保守化の流れ」に乗り、右派宗教勢力による広範な一世一元の復活を求める大衆運動に加わって、そこで多大な評価を得た。こうした「実績」によってこそ、彼らは日本会議が全盛の感がある今日まで、右派大衆運動の中枢を常に掌握することができたと考えられよう。

そして１９７９年6月6日に国会で元号法が成立することで、紀元節復活に次ぐ神社本庁や生長の家を始めとした右派宗教勢力の大きな勝利となった。その副産物として、右派の大衆運動の基本的スタイルが形成されたと考えられる。それは具体的には、以下の二点に集約できるだろう。

①「地方から中央へ」という運動の積み重ね。元号法成立に先だち、各自治体議会で「元号法制化」を求める決議や意見書が採択された。都道府県にも「元号法制化実現国民会議」の地方組織が結成され、全国的な世論の広がりに結実させた。この手法は、現在も「日本会議」主導による改憲運動にも見られる。

②広汎で幅広い勢力の結集。神社本庁を中心に生長の家等他の右派宗教団体を結成し、さらに政治家に加えて著名な財界人や文化人、学者も顔を揃えるという、一種の広範な「統一戦線」が形成された。

新たな国民運動に向かう

当然、ここまでの質・量を備えるに至った運動が、一つの目標を達成しただけで解消するとは考えにくかったはずだ。以下、副島の回想。

「元号法制化の運動が実を結んで、元号法が制定されて間もない昭和五十四年八月、……次なる運動のために、中央の（元号法制化実現）国民会議および都道府県民会議の存続について話し合った。その地方の声をもととして、私は事務局の椛島有三局長や松村俊明、西澤和明、野崎昭夫等青年幹部諸君とポスト元号の新たな国民運動について屢々話し合った」

「また日本を守る会においても……この問題を協議した結果、大方の意見は日本国憲法を正さずして日本の再建はあり得ない、との結論に達し、わが国当面の重大問題になっている防衛、教育への啓蒙運動からアプローチして国民の合意を形成し、やがて改憲に至るプロセスを踏むことに意見が一致した」(『私の歩んだ昭和史』)

ちなみにこのうち、西澤和明は「昭和46年、早稲田大学入学、学生時代より、日本青年協議会の運動に参画。昭和50年代の元号法制化運動のキャラバン、昭和天皇御在位60年奉祝運動の事務局、国会議員秘書や日本会議の出版部門である明成社創設などに関わり、現在、日本会議常任理事」(『日本の息吹』大阪版　第148号　2001年12月)という経歴のようだ。日青協出身の事務局担当者の、典型といえるだろう。松村俊明は、日本会議の現事務局長兼常任理事、野崎昭夫は同事務局次長だ。

また副島は、前述の日青協結成10周年集会でも、元号法制化運動が、日本会議の前身の日本を守る国民会議結成の土台となった経過を語っている。

「明治天皇のお定めになった帝国憲法と教育勅語、この二つはいずれも日本の歴史と伝統、国体にもとづくものでありまして明治の政治の根幹ともいうべきものであります。しかし残念ながら戦後、日本の国の政治の大本であります(帝国)憲法と、教育の大本である教育勅語と、この二つが、進駐軍によって葬り去られた。……幸いにして元号法制化は実現しましたが、元号以後の問題といたしましては、何と申しましても憲法に帰するわけであります」

「従いまして我々は、今日一刻も早く国会の場に持ち出すということよりも、この際はむしろ憲法に対する国民の啓蒙運動、これを一日も早く、日本の津々浦々にまで拡張していかなくてはならない。こうした意味から、元号法制化国民会議の組織であった都道府県民会議の組織変えが、皆様のご協力

で着々と進んでおりますことは、御同慶に堪えないところであります」（『祖國と青年』１９８１年１月号）

明確に改憲を戦略目標にする

ここでも、神社本庁の「歴史と伝統、国体にもとづ」いた「帝国憲法と教育勅語」を復活させるような試みが、あたかも「日本回復の運動」であるかのような認識は健在だ。おそらく副島や椛島らが元号法制化国民会議→日本を守る国民会議→日本会議という組織の移行に託していたのは、「帝国憲法」に象徴される「明治の政治」を、再び改憲によって実現しようという見果てぬ夢であったのは間違いない。

いずれにせよ、実質的に明治神宮権宮司の副島と、椛島ら日青協の幹部で運営されていた事務局は、もはや「紀元節復活」や「一世一元制度復活」といった単一課題の実現を目指す運動ではなく、明確に改憲を戦略目標にする遠大な政治闘争に乗り出した。日本会議結成へと繋がる右派大衆運動は、この時点で新たな飛躍を遂げようとしていたといえる。そして副島によれば、開始されるべき「新たな国民運動」は次のように事前に構想されていた。

「一、元号法制化運動に結集した広範な各界、各層の団体、個人（学界、教育界、経済界、労働界、婦人少年団体、芸能界、スポーツ界）の連帯をさらに強化し、元号国民会議および地方都道府県民会議組織を維持し、さらに拡大発展させる」

「一、元号以後のテーマについては、日本を取り巻く国際情勢の急転に伴い、国家の基本課題である憲法問題を取り上げる。そのためにまず、防衛、教育問題を通じた現憲法の批判、見直しの啓蒙活動を推進する」

「一、国民運動の形態—先の元号法制化運動が勝利した要因の一つに、全国から湧き上がった国民の熱意があった。その地方からの運動が保守、中道を巻き込み、反対派やマスコミの運動を圧倒的に凌駕して国民を揺るがしたのである。今後の運動も、こうした草の根から湧き上がる全国民の世論の昂揚と国民運動の展開によるべきものと思考される」(『私の歩んだ昭和史』)

この「新たな国民運動」は、現在の日本会議のコンセプトでもあろうが、それを先取りした前身の日本を守る国民会議の結成経過については、『神社新報』の1981年11月2日号の「論説」が触れている。

「国民の間に憲法を考え直そうとの声が澎湃と高まりつつある折から、十月二十七日、『日本を守る国民会議』(加瀬俊一議長)が発足、広汎な国民運動として〝憲法見直し〟に取り組む気勢を挙げた。まづ、防衛、教育の二問題に焦点をあてて運動を展開するといふが、すでに二十七県が県本部を結成、一、二ヶ月中にはさらに数県の本部が組織される予定になってをり、運動の巾は文字どほり全国にひろがるものと見込まれてゐる」

「数年前、われわれは元号法制化のための国民会議を協力して組織し、大きな成果を挙げた。……昭和五十四年に元号法制化が実現したあと運動に努めた人々の間に期せずして、その強力の国民組織をさらに日本恢弘に向けて役立たせようとの熱い願いが起こってきた。……そして昨年来は、国会でも憲法見直しの論がやかましく議論されるようになってきた。今回の『日本を守る国民会議』は、まさに生まれるべくして誕生した国民組織だといっていい」

「日本を守る国民会議がめざしてゐるものは神社界がかねて目標として実践してきた国民精神昂揚運動と些かも異なるものではない。聞くところによれば、この国民会議を構成する各地の県民会議に、県神社庁が重要な役割を担って参加してゐるところも少なくないらしいが、それは当然のことといっていい。

学者文化人、宗教者、スポーツマン等々、文字どほり広い層の協力組織であるこの国民会議の運営には、必ずしも容易ではない点もあるであらうが、『日本を守る』ために小異を捨てて大同に就く協力の運動が強く前身することを期待すること切である」

この「日本を守る国民会議」の事務総長が明治神宮権宮司の副島であった以上、当然、神社本庁が関与していないはずもない。そのため、神社本庁の機関紙が「聞くところによれば」などと第三者的な報じ方をしているのは奇妙に感じられる。それとも神道政治連盟を有していた以上、新たな政治団体の結成は明治神宮の事務局に任せていたということなのだろうか。

「日本を守る国民会議」結成

また、結成当日の様子については、以下の日青協機関誌『祖國と青年』1981年初冬号「『日本を守る国民会議』堂々結成さる」がより詳しい。それによると、東京都内のホテル・ニューオータニで開催された結成式の出席者は約８００人だった。

「本会議の前身は、二年前、元号法制化を実現させた『元号法制化実現国民会議』（石田和外議長＝故人）で、元号法成立以後、緊迫化する内外の諸情勢に対応する新たな国民運動への熱気が、再び二年後に更に大きな組織として結集したといえる。すでに、全国各地では新たな国民運動の準備は開始されており、二十八都道府県で『県民会議』が結成され、着々とその運動の輪は広がっている。この日の結成式は、このように中央での呼びかけと、全国各地の運動が一堂に結集されたものである」

「各界を網羅した有力な代表者と既に組織化がすすんでいる全国各地の都道府県民会議が一堂に会した今回の国民会議の誕生こそは、戦後の国民運動を画する大規模な民間組織の台頭を意味するものでありこんごの政治の流れに大きな影響力を発揮することは必至である」

ちなみに、ここでの地方レベルの「県民会議」だが、必ずしも一律に「日本を守る」という名称が冠せられたのではなかった。大阪府のように「日本の伝統と文化を守る大阪府民会議」という団体もあり、京都府や岐阜県等でも同様だった。

結成式では、①日本は日本人の手で守ろう②教育を日本の伝統の上にうちたてよう③憲法問題を大胆に検討しよう——の、「日本を守る三つの提言」が掲げられたが、主要には当初、**表３**のような役員が顔をそろえていた。

なお、１９９５年11月の段階では、役員数が**表４**のように増加している。

「日本を守る国民会議」発足時の役員

表3

役職	氏名	肩書き（当時）	宗教系団体
議長	加瀬俊一	元国連大使	
運営委員長	黛 敏郎	作曲家	
事務総長	副島廣之	明治神宮権宮司	◀
呼びかけ人	井深 大	ソニー名誉会長	
	宇野精一	東京大学名誉教授	
	江藤 淳	作家	
	大石義雄	京都大学名誉教授	
	春日野清隆	相撲協会理事長	
	金子日威	日蓮宗管長	◀
	木内信胤	外務省顧問	
	斎藤 忠	政治評論家	
	桜田 武	日本経済団体連合会名誉会長	
	鹿内信隆	サンケイ新聞取締役主幹	
	篠田康雄	神社本庁総長	◀
	清水幾太郎	元学習院大学教授	
	高田好胤	奈良薬師寺管長	◀
	武見太郎	日本医師会会長	
	永野重雄	明治神宮崇敬会会長	◀
	葉上照澄	天台宗延暦寺管長	◀
	法眼晋作	外務省顧問	
	細川隆元	評論家	
	升田幸三	将棋士	
	武藤光朗	元早稲田大学客員教授	
	村松嘉津	評論家	
	村松 剛	筑波大学教授	
	山岸信子	全日本婦人連盟元会長	

宗教系団体 ◀

ちなみに椛島は、日本を守る国民会議の存続中、一貫して事務局長の任にあった。

これまで見てきたように、「日本伝統恢弘」として「国体」には不可欠と見なす「紀元節」と「一世一元制度」を復活させた神社本庁や右派勢力は、下からの大衆運動を基盤にしつつ、「戦後の国民運動を画する大規模な民間組織」という表現が必ずしも誇張と呼べない右派の統一戦線組織を立ち上げた。そしてそのことは、明らかに時代背景と無縁ではなかったに違いない。

「日本を守る国民会議」1995年11月時の役員

表4

	氏名	肩書き（当時）	
議長	黛 敏郎	作曲家	◁
顧問	石川六郎	日本商工会議所名誉会頭	◁
	宇野精一	東京大学名誉教授	◁
	加瀬俊一	元国連大使	◁
	小山五郎	さくら銀行相談役名誉会長	◁
	瀬島龍三	伊藤忠商事株式会社特別顧問	◁
	副島廣之	明治神宮常任顧問	◀
代表委員	石井公一郎	株式会社ブリヂストン相談役	◁
	江藤 淳	評論家、慶應義塾大学教授	◁
	岡田恵珠	崇教真光教主	◀
	岡野聖法	解脱会法主	◀
	岡本健治	神社本庁総長	◀
	小倉霊現	念法眞教教団燈主	◀
	小田村四郎	拓殖大学総長	◁
	小田村寅二郎	国民文化研究会理事長	◁
	小野田寛郎	小野田自然塾塾長、元陸軍少尉	◁
	加瀬英明	外交評論家	◁
	勝部真長	お茶の水女子大学名誉教授	◁
	気賀健三	慶應義塾大学名誉教授	◁
	小堀桂一郎	東京大学名誉教授	◁
	志摩昭之輔	株式会社朝日写真ニュース社社長	◁
	末次一郎	新樹会代表幹事	◁
	関口徳高	佛所護念会教団会長	◀
	園田天光光	自由民主党各種婦人団体連合会会長	◁
	高田好胤	奈良薬師寺管長	◁
	塚本幸一	ワコール会長	◁
	外山勝志	明治神宮宮司	◀
	中井澄子	日本遺族会会長代行	◁
	能村龍太郎	太陽工業代表取締役会長	◁
	藤本勝喜	神道政治連盟会長	◀
	堀江正夫	日本郷友連盟会長	◁
	三波春夫	歌手	◁
	村尾次郎	日韓文化協会会長	◁
事務総長	毛利義就	明治神宮権宮司	◀

宗教系団体 ◀

足踏みから攻勢へ

日本を守る国民会議は80年代に入ると、改憲とともに「歴史教科書の編纂事業」に力を注ぐ。そこでは思うような結果はでなかったが、「終戦50周年謝罪決議」への反対運動では激しい攻撃性を発揮した。

すでに1979年12月の旧ソ連軍のアフガニスタン侵攻を契機に始まった「新冷戦」と呼ばれる国際情勢の緊張化と「ソ連脅威論」の急速な台頭、そして空前の大軍拡を強行した右派強硬派のレーガン米新政権の1981年1月の発足は、「戦後的平和主義」がもはや通用しなくなったかのような右派の宣伝を容易にした。

今日振り返ればまったくのデマに等しい「ソ連軍北海道侵攻」なる架空話が当時、一部メディアで流布。核武装論を唱えた清水幾太郎の『日本よ国家たれ――核の選択』（文藝春秋）が1980年に出版され、同年刊の江藤淳による「ＧＨＱの呪縛からの脱却」を唱えた『一九四六年憲法—その拘束』（文藝春秋）も話題になるなど、右派論壇が一挙に活発化したのもこの時期だった。

加えて、そうした時代の流れに便乗するように１９８２年11月、改憲論者の中曽根康弘が首相に就任したことにより、日本の右派にとって前例のない好都合な環境が生まれたかのような感が広がった。そこでの１９８１年の「日本を守る国民会議」の結成は、国際情勢の緊張激化に対応しうる「国防国家」とでも呼べる国家像を提起しながら、改憲に象徴される復古主義を基調とした思想と価値観の一元化的統制に向けた志向性を、濃厚にしていたように思える。

だが、「日本を守る国民会議」は明らかに時代の潮流に乗り、右傾化を促す動因として機能したであろうが、個別の運動を検証すると、１９９７年の日本会議結成に至るまで、一部を除き必ずしも彼ら自身が満足するような成果を獲得したようには思えない。その典型が、１９８３年の「防衛選挙」の挫折であった。

「日本を守る国民会議」の政治日程

結成時において「日本を守る国民会議」は、「憲法運動を展望する三カ年の構想」を提起した。具体的には、次のような政治日程が展望されていた。

「〇昭和五六年（八一年）

（一）防衛・教育問題を通じて、憲法問題の問い直しをはかる広範な啓蒙運動を展開する。

（二）啓蒙運動を推進する母体として県民会議・国民会議の結成をはかる。
○昭和五七年（八二年）
（一）県民運動の結晶化として、全国四十七都道府県、三〇〇〇市町村における平和と安全を推進する地方議会決議を達成する。
（二）県民会議の広範な発展をめざして、県下に『市町村民会議』（全国三〇〇〇市町村）の結成をめざす。
○昭和五八年（八三年）
（一）県下の地方議会決議運動の成果と県民会議、市町村民会議の組織力を結集して、『県民総決起大会』を開催し、世論を喚起する。
（二）この年予定されている衆・参両院選挙、及び地方統一選挙を防衛選挙と想定し、国民運動の政策を各政党に提起し、改憲派勢力の一大結集の実現をはかる」

だが結果的に、その3年間で何らかの成果があった形跡は乏しい。「三〇〇〇市町村における平和と安全を推進する地方議会決議」はまったくの夢物語に終わり、「県民会議」の結成が拡大したという事例も見当たらない。何よりも「防衛選挙」となるはずで、日本を守る国民会議の結成宣言でも「日本の将来の歴史的選択を決す」ると意気込んだ１９８３年の総選挙で、自民党は34も議席数を減らした。

当時の、「（緊張が高まる）国際環境の中で防衛問題に触発されながら改憲の客観情勢は次第に整いつつある」（『私の歩んだ昭和史』）という副島の当初の思惑は完全に外れ、改憲の「機運」が高まったとは到底言い難かった。

そのためか、副島は1985年3月10日に開かれた「日本を守る国民会議」の第4回総会で、「今日まで過去五ヵ年の運動を顧みると……元号法制化運動のように短期間に十分な成果をあげえない恨みがある。しかしこれは運動目標が大きく困難であるだけに止むを得ないところであり、遺憾ながら『天の時、未だ来たらず』というところであろう」（同）と発言している。そもそも結成3年程度で、改憲に直結するような「日本の将来の歴史的選択を決す」る総選挙に持ち込めるはずはなかったろう。

こうした「恨み」だけが残るような評価は、「日本を守る国民会議」の存続期間の大半に当てはまる。清水幾太郎や江藤淳に象徴される「学者・文化人」が大挙して運営に参加していたためか、スローガンが大言壮語の印象を免れず、それゆえに運動が上滑りする傾向から最後まで脱却できなかった。

この第4回総会でも「憲法改正の国民的世論を形成する一大啓蒙運動の展開」だの、「防衛問題の喫緊の課題、自衛隊法改正運動の全国的推進」等が「運動方針」として掲げられたが、前者によって国民の意識レベルで特に改憲賛成派が増えた形跡はなく、後者も当時「十一県五十二市町村」の地方議会で採択された模様だが、いつの間にか立ち消えになっている。

「日本を守る国民会議」による「歴史教科書の編纂事業」

また1987年の「国民運動方針案」には、「イ、国会における東京裁判無効決議の可能性を検討する。ロ、国連憲章にある旧敵国条項撤廃の可能性を検討する。ハ、教育勅語失効決議の撤廃の可能性を検討する」という項目も登場する。『神社新報』の読者ならともかく、中曽根のようなタカ派議員でも、こうした極右的妄想を国会で「検討する」余地は皆無であったに違いない。

おそらく、単一で、かつ国会での採決で最終的に運動の成果の可否が決まるような政治課題であれば、各宗教団体の動員力も有効に機能するだろう。だが、1984年中に都道府県レベルの地方本部が神社本庁の施設を中心にほぼ誕生した模様だが、改憲＝「憲法・戦後体制再検討の世論喚起」や自衛隊法改正、「東京裁判史観の見直し」、「偏向教育是正」といった課題をひとまとめにして達成できるはずもない。全右派教団が統合して日常的に政治活動を各地域で展開でもしない限り、追いつくはずもなかったろうが、「日本を守る国民会議」とは、到底そのような団体ではなかった。

また、世間を大きく騒がせた割には失敗に終わったのが、「日本を守る国民会議」による「歴史教科書の編纂事業」であった。

「発端は、八二年一〇月三〇日の『日本を守る国民会議』主催の『教科書問題を考える懇談会』だった。懇談会では『今度は民間で良い教科書を作る運動を起こす他はないでしょう』（香山健一）、『日本を守る国民会議でも自主制作による歴史、国語の教科書を普及してはいかがでしょうか』（小堀桂一郎）といった発言が相次いだ。

明くる八三年三月の国民会議第二回総会でも同様の意見が続出したため、本格的に教科書作成に着手することになったのである」（百田満広「〝下からの軍事化〟の先兵 改憲を演出する『日本を守る国民会議』」『月刊社会党』1987年5月号）

1984年4月に開催された日本を守る国民会議第3回全国総会で決定された「昭和五十九年度国

民運動基本方針」には、初めて「歴史教科書の編纂事業を推進する」との方針が登場。副島の『私の歩んだ昭和史』によれば、その「高校用日本史教科書編纂事業計画」の目的は、①左翼の偏向攻勢と外圧によって腰くだけとなった文部省の検定姿勢に対し思想攻撃をかける②国民の教科書是正の世論を喚起する③予想しうる日教組をはじめとする左翼からの批判運動に対抗し、学者文化人を結集し思想論争を展開する——といった点にあったという。

また当時、日本を守る国民会議運営委員長で、後に議長となる黛敏郎は、「憲法改正を唱えるにあたって、まずこの国家意識、ひいては天皇につながる国体というものをまずはっきりと確立するところから手をつけねばならない」「憲法、防衛、教育の問題は、まず……正しい愛国心の確立という根源的な心の問題から入らなければならない」(『日本の息吹』1984年8月15日号)と述べている。教育が「国体」精神や「正しい愛国心」の注入にあるという、文字通り「復古調」の思惑で右派が乗り出したわけだが、こうした大人の勝手な思惑が込められた「教科書」を押し付けられる高校生こそ、いい迷惑だったであろう。

宗教者が多い「実行委員」

そして、原書房から刊行されることになった『新編日本史』の「編集方針」も、①天皇に対しては丁寧な言葉を使い、また天皇に関し歴史上欠かせないことについては避けることなく記述する②古代史では……『古事記』『日本書紀』など日本の史書を尊重し、例えば神話などを通じて古代人の思想を明らかにする③近、現代史では、とくに諸外国との外交問題に配慮し、戦争に関しては出来るだけ、

実行委員会の面々

表5

	氏名	肩書き（当時）	
委員長	副島廣之	明治神宮常任顧問	◀
実行委員	気賀健三	日本を守る国民会議教育専門委員長、慶応大学名誉教授	
	村尾次郎	元文部省主任教科書調査官	
	朝比奈正幸	元文部省調査審議会委員	
	澤度盛房	日本を守る国民会議常任委員、富岡八幡宮権宮司	◀
	関口 孝	日本を守る国民会議常任委員、仏所護念会理事	◀
	渋川謙一	日本を守る国民会議常任委員、神社本庁事務局長	◀
	大森利憲	神道政治連盟事務局長	◀

宗教系団体 ◀

客観的に記述する――という内容だった。

一読して、「いかにも」という印象を強くする「編集方針」だが、興味深いのは「教科書発行に向けた」「実行委員会」のメンバーだ。委員長は副島自身が就任しているが、「実行委員」は**表5**の面々であった。

表5の8人中、半数以上が宗教関係者で、「教育」に対する右派宗教教団の並々ならぬ関心を示していたということか。気賀健三は名うての反共学者で、1983年に「偏向教科書」を攻撃するために結成された「教科書正常化国民会議」の議長だった。

特筆すべきは、日本を守る国民会議、及び日本会議の代表委員だった村尾次郎（2000年没）で、教科書検定制度の発足後、約20年も検定調査官を務め、「ミスター検定官」と呼ばれた自称「国粋主義者」であった。しかも村尾は、戦前の皇国史観の重鎮であり、戦後は東京大学を追放された平泉澄が率いていた超国家主義団体「朱光会」の人脈に所属。「吾人は天皇中心主義を信奉する」という文句が綱領の冒頭で飛び出すこの「朱光会」の人脈は、戦後一時期まで文部省（現文部科学省）や、教育関係者に隠然たる影響力を誇っていた。

朝比奈正幸や、『新編日本史』の「編集委員」を務めた元文部省教科書調査官の山口康助（東京学芸大学教授）、右翼教師集団・「日本教師会」元会長の稲川誠一（聖徳学園岐阜教育大学教授）もこの人脈に属していた。

村尾や朝比奈、山口といった元役人が日本を守る国民会議に名前が登場すること自体、文部省という役所の正体の一端が垣間見えよう。それでも「防衛」と並び、とかく「教育」を重視した日本を守る国民会議にとって、「朱光会」人脈を抱えていたことは大きなメリットだったはずだ。

外交問題に発展した『新編日本史』

１９８６年１月に『新編日本史』は教科書図書検定審議会で修正意見付きながらいったん合格するが、以後、「復古調教科書」とメディアの批判を浴び、中国や韓国の抗議も加わって外交問題に発展。一時は外務省や閣僚からも「教科書申請取り下げ」の意向が示されたが、結局、異例極まる４度にわたる指示で近現代史部分八十数カ所もの是正後、ようやく最終的に合格となる。

だが、「従来の検定作業の基準からすれば誤記・誤植として指摘され、減点されるべき箇所でありながら、見過ごされたものが、検定合格後の見本段階で約三百か所も判明している。……さらに、他社の歴史教科書の図版をそのまま盗用した事例も数十に及んでいた」（髙嶋伸欣「教科書攻撃の政治的背景と〝草の根の民主主義〟」『戦争責任研究』第35　２００２年春）というから、「粗製濫造の欠陥品」（同）だった。そんな「教科書」でも検定をパスするにあたっては、文部省との折衝役だった村尾が果たした役割が決定的だったという。

しかし世を騒がせるだけ騒がせた「教科書」の割には、１９９５年度用改訂時（93年度検定）から出版元の原書房が撤退。最高の採択率でわずか０・０１％（９３５７冊。１９８９年度）しかなかった。２００１年には２６８２冊、２００２年には２１１７冊と完全にジリ貧状態となり、その後、また出版元が替わって、現在は『高校日本史Ｂ』と名称を変え、細々ながら日本会議の出版部門である明成社から出版されている。

さすがに「天皇に対しては丁寧な言葉を使い」だの、「『古事記』『日本書紀』など日本の史書を尊重」といった程度が売り文句のこの「復古調教科書」は学校現場で相手にされず、「思想攻撃をかける」などと息巻く集団の自己満足で終わった。無論、「『新編日本史の集い』を全国の主要都市及び市町村で開催し、東京裁判問題等を考え憲法・戦後体制再検討の世論を喚起する」（１９８７年度運動方針）という当初の目標も、雲散霧消してしまう。

ただ、右派団体が直接教科書を作成するなどという他の先進国では例を見ないような試みが、一過性のものとして終わらなかったという点では、『新編日本史』の試みは無駄ではなかったかもしれない。その経験は、明らかに後になって活かされたと考えられるからだ。言うまでもなく、１９９６年に結成された「新自由主義史観」と称した歴史修正主義者らによる、新しい歴史教科書をつくる会の活動を指す。

この「会」は、「教育」に携わる集団には到底値しないような互いの激しい中傷合戦、さらには

『産経新聞』まで巻き込んでの「謀略ごっこに明け暮れる」（同会創設時の会長だった西尾幹二の発言。西尾「私が『新しい歴史教科書をつくる会』を去った理由」『ＳＡＰＩＯ』２００６年６月14日号）という数々の醜態をさらした挙句に分裂し、脱会した一派が、２００６年に日本教育再生機構を立ち上げる。

「新しい歴史教科書をつくる会」の役員

現在、新しい歴史教科書をつくる会は、自由社から中学校用の『歴史』、日本教育再生機構はフジ・サンケイグループの育鵬社から同『歴史』と『公民』を刊行。２０１５年度の採択占有率では、自由社の中学校『歴史』は０・０４％（公立はゼロ）。育鵬社のそれは６・５％で、日本教育再生機構が大きく差を付けている。

ここでは、日本会議が各地で地方議員を中心に教育委員会に両社の教科書採択を働きかける一方で、その役員が現在も互いに憎悪を捨てていない両団体の役員に二分した形で加わっている事実だけを指摘しておきたい。新しい歴史教科書をつくる会には、日本会議会長の田久保忠衛と、監事の加瀬英明が顧問として加盟している。日本教育再生機構は、日本会議顧問の石井公一郎、副会長の小田村四郎、代表委員の廣池幹堂が顧問として就任している。

ただ、日本教育再生機構理事長の八木秀次は安倍晋三のブレーンとして知られ、安倍内閣が設置した「教育再生実行会議」の委員に指名されるなど、現内閣との密着度では、新しい歴史教科書をつくる会のいかなる役員よりも高い。また、２０１５年５月に東京都内で開催された育鵬社の最新版教科書の出版記念集会では、生長の家元信者で、日青協の元活動家、そして安倍の側近の参議院議員の衛藤晟一・首相補佐官が登壇し、次のような発言をしている。

「安倍政権は、日本の前途と歴史教育を考える議員の会（教科書議連、１９９７年〜）の議員が中心になって誕生させた。第三次政権の中核は議連メンバーが占める。安倍首相と『慰安婦』問題を追及し教育基本法を改正した。もう一つが教科書だ」

「この素晴らしい育鵬社の教科書を採択できるように努力したい。私どもの考えと近い首長を選んで、そこで教育行政がきちんと行なわれるように、その意思を受けた教育長が選任されなければいけない。教育長と首長がどういう教科書を採択するか、決める権限がある。いよいよ本番だ。（同年の）教科書採択にかかっている」（池添徳明「育鵬社版教科書の影に首相グループ」『週刊金曜日』２０１５年6月5日号）

新しい教科書をつくる会の自由社版教科書はすでに『公民』を刊行する余力も失われており、おそらく『歴史』についても将来性は乏しい。今後日本会議の教科書採択運動は、日本教育再生機構の育鵬社版に特化していくだろう。

さて、『新編日本史』で一敗地にまみれた日本を守る国民会議は、１９８９年に「改元」があった前後は、どちらかと言えば進行する政治情勢に合わせた受動的な形での活動が目立った（**表6**参照）。

「日本を守る国民会議」の活動

表6

年月日	内容
1986［昭和61］年11月	「天皇陛下御在位60年大奉祝パレード」実施（5万名参加）。全国各地でも盛大な奉祝行事が実施される
1987［昭和62］年5月	第5回憲法シンポジウム「東京裁判を考える」を開催
1987［昭和62］年5月	佐賀県植樹祭で昭和天皇を奉迎する提灯パレード実施（以後、毎年各地で実施）
1987［昭和62］年8月	戦後初めて靖国神社で「戦没者追悼中央国民集会」を開催、中断した首相参拝を求める（以後、毎年開催）
1988［昭和63］年5月	外務省の東京裁判史観を批判した奥野誠亮法相発言を支持する国民集会開催
1988［昭和63］年7月	英霊と靖国神社を顕彰する映画『靖国のこころ』を製作し全国上映
1988［昭和63］年9月	昭和天皇の平癒祈願運動を全国で展開。自治体での祈願記帳の設置運動をすすめ、全国集計で約1000万名が署名
1989［平成元］年1月	政府に伝統に基づく大喪の実施を求める要望運動を展開。
1989［平成元］年4月	昭和天皇死去（1月）にともない「昭和天皇奉悼式典」開催
1989［平成元］年6月	宇野宗佑首相に即位礼、大嘗祭の国家儀式としての実施を要望
1989［平成元］年11月	「大嘗祭の伝統を守る国民委員会」（斎藤英四郎代表ら）を設立し、約600万名の請願署名を政府に提出（12月）
1990［平成2］年3月	「天皇陛下御即位奉祝委員会」（石川六郎会長）設立
1990［平成2］年4月	「天皇陛下御即位奉祝国会議員連盟」（竹下登会長）、超党派で設立
1990［平成2］年10月	「天皇陛下御即位奉祝中央式典」開催、一般公募の奉祝歌『平成賛歌』を発表。
1990［平成2］年11月	「天皇陛下御即位奉祝中央パレード」を実施（12万名参加）。全国各地で盛大な奉祝行事が実施される
1991［平成3］年5月	湾岸戦争をテーマに憲法シンポジウム（第9回）を開催
1991［平成3］年6月	新憲法制定宣言を採択、新憲法の大綱づくりに着手
1991［平成3］年10月	自衛隊掃海部隊の帰国に際して歓迎活動（横須賀、呉、佐世保にて）
1991［平成3］年12月	「大東亜戦争開戦50年を考える国民の集い」を開催
1992［平成4］年5月	宮澤喜一内閣に天皇の中国訪問の中止を要請する活動を展開
1992［平成4］年8月	訪中に反対する国会議員の署名を集め緊急集会を開催
1992［平成4］年8月	皇室の伝統文化を伝える映画『皇室と日本人』を製作し全国上映
1993［平成5］年5月	日本を守る国民会議結成10周年記念式典を開催、新しい国家理念を盛り込んだ「新憲法の大綱」を内外に発表
1993［平成5］年6月	「皇太子殿下の御成婚をお祝いする国民の集い」を開催
1993［平成5］年6月	「皇太子殿下の御成婚をお祝いする都民パレード」を実施。全国各地でも奉祝行事が実施される
1993［平成5］年8月	細川護熙首相に日本の戦争に関する「侵略」発言を撤回するよう要請
1993［平成5］年9月	第61回式年遷宮記念映画『よみがえる日本の心』を製作し全国上映

日本会議HP「国民運動の歩み」を参照して編集部が作成

だが1995年の、当時の自民・社会・さきがけの3党連立政権が、発足時の政策協議で重要課題とした敗戦から半世紀を迎えての「終戦50周年謝罪決議」に対する反対運動では、再び激しい攻撃性を帯びる。その活動は、すでに前年の1994年6月12日に開かれた第13回総会から始まっていた。

「政府は、来年の終戦五十周年に「対し、『侵略反省』を趣旨とした各種行事を開催しようとしているが、このような政府の姿勢に対し、国民会議では以下五点にわたる国民運動を展開して、大東亜戦争の正しい意義を普及していくことを決定した。

1、終戦五十周年を記念する国民的行事の開催
2、日本及び世界の識者による東京裁判批判の共同声明の発表
3、戦争謝罪の国会決議阻止へ向けた署名運動
4、戦没者への追悼・感謝の地方議会決議
5、終戦五十周年記念映画の制作と上映運動

（略）

本年の総会は、終戦五十周年を控えての運動が中心テーマであったが、今年から来年にかけ、我が国の歴史観を問う重大な年になることを予感させるものであった」（『日本の息吹』1994年8月号）

おそらく戦後の右派大衆運動史上、「歴史観」を前面に出した攻勢が仕掛けられたのはこれが初めてであったろう。それは同じ敗戦国でもドイツとは決定的に違い、「過去の戦争」についての政治

的・社会的コンセンサスすら今日まで確立することができなかった、戦後民主主義の弱さがもたらした現象であったことは疑いない。

「聖戦」とされる過去の戦争

神社本庁に象徴される国家神道の継承者、及びその思考回路と共通する右派にとっては、「皇軍」の戦争や軍事行動が、常に神聖不可侵の「現人神」で「大元帥」でもあった天皇の名において遂行された、ということが前提となる。それゆえに過去の戦争は常に「聖戦」として疑問の余地なく固定化され、他国からの批判も考慮されることはない。戦死した「皇軍」兵士は無条件に靖国神社に「神」、「英霊」として合祀されるべき存在となり、彼らの言う「歴史観」なるものも、厳密な資料研究とは無縁な、他国の被害などまるで顧みない自己中心主義的な「正当化の物語」に落ち着く。

戦後の日本が自覚的にこうした過去への無自覚、自己正当化の理屈から脱却できなかったからこそ、今日の日本会議に象徴される「大東亜戦争史観」、「東京裁判史観批判」を唱える勢力がいつまでも存続する結果をもたらしていると言えよう。戦後の50年という節目を迎えた国会の有様は、はからずもそうした実態を大々的に露出する結果となった。

上記の日本を守る国民会議の「国民運動」のうち、最大の獲得目標が3の戦後50年を迎えての「戦争謝罪の国会決議阻止」であった。そのため、１９９４年末までに「五〇〇万名を目標として署名運動を行ない、来年の通常国会に提出することが決議」されたというが、署名運動自体は１９９３年から開始されている。

さらに署名と共に「運動の大きな柱として位置づけられた」のが、「戦没者へ追悼と感謝を表明する地方議会決議の採択」だった。そのために同年7月から、「大東亜戦争の真実」を訴える「全国縦断キャラバン隊」が出発している。日本会議によれば、1994年から1995年6月までに滋賀、千葉、岐阜、愛媛、富山、熊本、福岡等計24の県議会で「追悼感謝決議」が採択されたという。

日本を守る国民会議の運動は、1995年の年頭から「謝罪・不戦決議阻止」一色になり、まず「終戦五十周年国民委員会」を発足させる。これは、特に重要と思える当面の政治課題には本体と一見別のような団体をまず設立し、その事務局を運営しながらより幅広い人脈を集める形で著名人を役員に選出して、運動の前面に立たせる手法だ。

現在、日本会議が改憲運動の前面に出している「美しい日本の憲法をつくる国民の会」も、この手法の応用だろう。この団体は、代表発起人に日本会議の役員ではない文化人や財界人らが多数いるが、3人いる共同代表には日本会議会長の田久保忠衛、名誉会長で前会長の三好達が加わっている（もう一人は櫻井よしこ）。事務局長は、日本会議事務総長の椛島有三だ。

この「終戦五十周年国民委員会」の場合、顧問には後に日本会議二代目会長となる稲葉興作（日本商工会議所会頭）、永野健（日本経営者団体連盟会長）、福田赳夫（元首相）らが加わっていたが、事務局長は例によって椛島であった。

3月16日には都内で、「終戦五十周年国民委員会」主催による「謝罪・不戦決議を阻止する緊急集会」が開催され、約1000人が参加。「壇上には、全国各地で推進された四五六万二二八二名にのぼる謝罪決議反対の署名が並べられ、この日出席した（32人の）国会議員に手渡された」という（『日本の息吹』1995年4月号）。

謝罪決議反対の活動

これと前後して、各地から東京・永田町の国会議員会館を直接訪ね、地元選出議員に謝罪決議反対の陳情をする活動も相次いだ模様だ。その結果、最終的に署名を国会に提出するための紹介議員に、自民党や新進党（当時）を中心とした衆参両院の２８５人が名を連ねた。この反対の署名は、最終的に約５０６万筆に達したという。

結局、６月９日に衆議院だけで「歴史を教訓に平和への決意を新たにする決議」を採択。内容は、「世界の近代史上における数々の植民地支配や侵略的行為に思いをいたし、我が国が過去に行ったこうした行為や他国民とくにアジアの諸国民に与えた苦痛を認識し、深い反省の念を表明する」と述べられ、何か「他国も同じようなことをやって、悪いのは日本ばかりではない」というような自己弁護の色が濃いのは否めない。それでも、最大野党・新進党が全員欠席し、自民・社会・さきがけの与党3党からも70人が欠席。２５１人が出席して、議員定数（４９２人）の半数以下の２３０人が賛成し、可決された（共産党は反対）。

この「決議」について日本を守る国民会議は、「我が国の行為を一方的に断罪する趣旨が極めて濃厚」とし、可決したのは「英霊を冒瀆した背信行為」（『日本の息吹』１９９５年6月号）と批判した。一方で、両院で可決できず、衆議院でも実質的には多数可決でなかった点について、事務総長の毛利は「肉親や戦友は侵略のために戦死したのではないといった、本当に熱心な人々の思いによって署名集めが行われてきました。それが、国会を動かす大きな原動力になったのではないでしょうか」と、運動の「成果」を強調している。

また、「終戦五十周年国民委員会事務局長」の椛島は、「今回の歴史論争は、左翼側は戦後五十年の財産を食いつぶした論争のような気がします」としながら、「新しい出発という観点から言えば、これからは我々の勢いの方が、その力を増してくるのではないかと思います」と豪語した。(「特別座談会　国政を揺るがした終戦五十周年国民運動」『日本の息吹』1995年8月号)

この二人の総括をどう評価するかは別にして、日本会議に代表される歴史修正主義の潮流の「勢い」が以後今日まで、衰える兆しが見られないのは疑いない。このことは「戦後50年」が、日本軍「慰安婦」や南京大虐殺といった課題を典型とした「歴史認識」問題への右派の取り組みを継続・強化する端緒となったことを意味しよう。

攻撃目標は日本軍「慰安婦」の記述削除

そして彼らは、続けざまに、歴史教科書への攻撃を開始していく。日本を守る国民会議はその主要な一員であったが、自民党の動きも顕著であった。そして振り返るなら、この「歴史認識問題」は両者の距離を一挙に縮めたように思える。

日本を守る国民会議は1996年9月19日、都内で「歴史教科書を考える集い」と銘打った、「全国縦断キャラバン隊壮行会」を開いた。この「キャラバン隊」は『「反日歴史教科書」の是正』を筆頭に掲げており、当時の同会議の議長だった黛敏郎は、挨拶で「歴史教科書をなおざりにしておくことは将来に重大な禍根を残すことになる。国民運動の担い手として、今後もこの教科書を中心とする教育正常化の運動を続けていきたい」(『日本の息吹』1996年10月号)と、「反日教科書是正」の檄を飛ばした。

同年9月から10月にかけての「キャラバン」を担当した「東日本隊隊長」と「西日本隊隊長」の「座談会」によれば、「今回のキャラバンでは、来年から使用される中学歴史教科書の実態を解説したスライドを上映したのですが、その反響は非常に大きかったですね。……一人でもできる教科書是正運動として、従軍慰安婦の削除を要望する文相宛の葉書を用意したのですが、一人で二十枚三十枚、多い方は百枚ともっていかれました」(東)という。

さらに、「(各)県議会に対し、変更記述是正を求める意見書採択運動を展開していました。鳥取県では、全市町村の教育長と中学校長に、『日本の息吹』と歴史教育是正の緊急要望書を送付し、歴史教育見直し運動を展開していました」とされ、「歴史観の問題に対する憤りは非常に強いものがあるとの感触を得たという(『日本の息吹』1996年12月号)。

この「座談会」からうかがえるように、当時の右派勢力は、特に中学校歴史教科書における日本軍「慰安婦」の記述削除に攻撃目標を集中していた。すでに1994年度版の高校日本史教科書では、10社中、9社に初めて日本軍「慰安婦」の記述が掲載。さらに1996年の段階で、翌年版の中学校歴史教科書でも全7社のものに同記述が掲載されることが判明していたためだ。

一方、自民党は前述した戦後50年の「戦争謝罪の国会決議阻止」のため、1994年12月に結成された右派の「終戦50周年国会議員連盟」が日本を守る国民会議や神道政治連盟等と連携し、「日本は侵略国家ではなかった」いう主張を盛り込んだ「阻止」を求める決議を、全国26県議会90市町村議会で可決させていた。そしてこの「終戦50周年国会議員連盟」は1996年4月、「明るい日本・国会議員連盟」と名称変更するが、両議員連盟の会長は、いずれも元鹿児島県警察部特高課長で衆議院議員（当時）の奥野誠亮であり、事務局長代理は当選一回生の安倍晋三だった。周知のように奥野は「『慰安婦』は商行為」、「強制連行はなかった」などと放言し、教科書からの「慰安婦」記述の削除を求めている。

安倍晋三をはじめとした歴史教科書への攻撃

そして１９９７年2月、「明るい日本・国会議員連盟」とメンバーが重なる「日本の前途と歴史教育を考える若手議員の会」（２００４年に「日本の前途と歴史教育を考える議員の会」と改名）が結成され、今日まで歴史教科書への攻撃を主要に担うが、当初その事務局長だった安倍晋三をはじめ主要メンバーが、今日の日本会議国会議員懇談会の役員を占めているのも偶然ではないだろう。

安倍や「若手議員の会」は教科書を検定する文部科学省の官僚のみならず、教科書会社の社長や教科書執筆者に対しても、侵略戦争や日本軍「慰安婦」の記述が「わい曲されている」などと詰問し、削除するよう圧力をかけた。さらに当時、官房長官として日本軍「慰安婦」問題の国家責任を認めた「談話」（慰安婦関係調査結果発表に関する河野内閣官房長官談話）を発表した河野洋平に対しても、執拗に攻撃を加えたのはよく知られた事実だ。

前述の奥野誠亮は、１９９６年9月の「歴史教科書を考える集い」にも参加しているが、自民党の動きに呼応し、日本を守る国民会議は１９９７年5月に日本会議に移行するまで、「教科書の『従軍慰安婦』記述削除を求める（文部大臣宛の）投書用ハガキ十万枚をこれまでに配布」（『日本の息吹』

1997年2月号）するなど、精力的に教科書攻撃を続けている。

また茨城県議会では1997年6月に、政府に対し中学校教科書からの日本軍「慰安婦」記述削除を求める意見書が初めて可決。その背後で、「『日本を守る茨城県民会議』（青木芳郎議長）が昨年から県議会に対し、その要望活動を行い、今年の二月には県内八十五の全市町村に対し『従軍慰安婦』記述削除の請願書を提出するなど活発な活動を展開してきた」（『日本の息吹』1997年8月号）という。

ただ、こうした「要望活動」は取り組みの度合いの地域差があったほか、1998年6月まで当時の社会党（1996年1月19日以降は社会民主党）や新党さきがけも与党に加わった連立政権であったため、スムーズにいかない面もあった模様だ。

「ある県（の自民党組織）では、この問題の対応を自民党本部の政務調査会に問い合わせたところ『政府や文部省が決めたことを否定することは出来ない』という返事だった」とか、「現行歴史教科書への批判を許さないとする、政府、自民党の頑なな姿勢が改めて浮き彫りにされた」といった表現が彼らの機関紙に見受けられた（同）。そのためか、『従軍慰安婦』記述訂正削除を求める決議」が採択されたのは、1997年1月17日段階で「1県3市5町1村」（同）の地方議会に留まっている。

それでも、『産経新聞』等の右派メディアや「新しい歴史教科書をつくる会」も加わった総がかりの「第三次教科書攻撃」と呼ばれる一連の事態によって、結果的に今日の中学校教科書7社中、1社を除き日本軍「慰安婦」記述は皆無となってしまった。日本を守る国民会議にとっては、貴重な「勝利」となったことは否定できないだろう。

日本会議結成へ

日本会議の結成は１９９７年５月30日。その前日、日本会議国会議員懇談会が設立された。「自民党依存型」体質を象徴するかのようだったが、政界での影響力を高めた日本会議は教育基本法の改悪に〝成功〟する。

そうした渦中にあって、日本を守る国民会議は、１９９７年３月20日明治記念館で開いた第14回総会で、「これまで中央、地方一体となって検討を進めてきた、友好団体の『日本を守る会』との統合、新組織構想案が発表され、満場の賛同をもって新組織構想案が発表され、満場の賛同をもって新組織設立が決定した」（『日本の息吹』１９９７年５月号）。この「統合」については、村上正邦の以下の回想によれば、格別の複雑な事情があった訳ではなさそうだ。

「『(日本を）守る会』は宗教人と文化人の集まり、『(日本を守る）国民会議』は宗教界、財界、政界、学者など各界の代表者の組織でしたが、どちらも事務局は椛島さんや明治神宮宮司の外山勝志さんらがやっていた。その事務局側からすれば、たとえば今の天皇陛下のご即位の際に奉祝運動を展開したときにも、まず『守る会』の役員会にかけ、さらに『国民会議』の役員会にも諮らなければ何事も決められなかった。この際、両組織が合流すれば国民運動を支える大きな基盤ができるじゃないかと外山さんらが言い出し、両組織の役員らに働きかけて、生まれたのが日本会議でした」（『証言　村上正邦　我、国に裏切られようとも』）

二つの似たような組織の事務局が、同一の人間たちによって運営されていたのなら、なぜもっと早く一つにならなかったのかと外部者にはうかがい知れないが、5月30日のホテルニューオータニでの日本会議結成式では、**表7**の人事が発表された（『日本の息吹』１９９７年7月号参照）。

なお、日本会議結成の前日には、同じホテルニューオータニで日本会議国会議員懇談会の設立総会が開かれた。三役には会長に衆議院議員の島村宜伸、幹事長に同じ衆議院議員の平沼赳夫（現会長）、事務局長に参議院議員の小山孝雄が就任し、同年6月18日段階で、衆議院１３３名、参議院71名、計２０４名の参加をみたという。

本体の設立総会の前日に、すでに国会議員の関連組織を立ち上げていたのは、それまで以上に政治家との結合を深めたという事実を示すはずだ。ところが、日本を守る国民会議議長の黛敏郎は、前述の「終戦50周年謝罪決議」に激怒し、「我が国柄を守るのは自民党において外にない、との私共の期待は、完全に裏切られたと言わざるをえません。……私共は、従来の自民党依存型の国民運動につい

	氏名	肩書き（当時）	
	黒住宗晴	黒住教教主	◀
	黒川紀章	建築家	
	佐伯彰一	文芸評論家	
	酒井逸雄	神宮少宮司	◀
	志摩昭之輔	株式会社朝日写真ニュース社会長	
	春風亭柳昇	落語家	
	末次一郎	新樹会代表幹事	
	鈴木俊一	日本倶楽部会長	
	関口徳高	佛所護念会教団会長	◀
	千 宗室	茶道裏千家前家元	
	副島廣之	明治神宮常任顧問	◀
	園田天光光	各種女性団体連合会長	
	瀧藤尊教	総本山四天王寺前管長	◀
	田久保忠衛	評論家	
	竹本忠雄	筑波大学名誉教授	
	坪井栄孝	日本医師会会長	
	外山勝志	明治神宮宮司	◀
	中井澄子	日本遺族会会長	
	中野良子	オイスカインターナショナル総裁	◀
	中村清彦	富士産業代表取締役	
	能村龍太郎	太陽工業会長	
	廣池幹堂	モラロジー研究所理事長	
	藤本勝喜	神道政治連盟会長	◀
	古谷幸三郎	茨城木工所社長	
	堀江正夫	日本郷友連盟会長・英霊にこたえる会会長	
	増永雄俊	霊友会理事長	◀
	保積秀胤	大和教団教主	◀
	丸山敏秋	倫理研究所理事長	
	三波春夫	歌手	
	宮西惟道	東京都神社庁庁長・日枝神社宮司	◀
	村尾次郎	日韓文化協会会長	
	湯沢 貞	靖國神社宮司	◀
	若井勲夫	日本教師会会長	
理事長	田中安比呂	明治神宮権宮司	◀
事務総長	椛島有三	日本を守る国民会議前事務局長	

宗教系団体 ◀

「日本会議」結成式で発表された人事

表7

	氏名	肩書き（当時）	
会長	塚本幸一	ワコール会長	◁
副会長	安西愛子	声楽家	◁
	石井公一郎	ブリヂストンサイクル元社長	◁
	岡本健治	神社本庁総長	◀
	小田村四郎	拓殖大学総長	◁
	小堀桂一郎	明星大学教授	◁
顧問	石川六郎	日本商工会議所名誉会頭	◁
	宇野精一	東京大学名誉教授	◁
	加瀬俊一	鹿島出版会相談役	◁
	久邇邦昭	神宮大宮司	◀
	小山五郎	さくら銀行相談役名誉会長	◁
	櫻井勝之進	皇學館大学理事長	◁
	白井永二	鶴岡八幡宮名誉宮司	◀
	瀬島龍三	伊藤忠商事特別顧問	◁
	滝田 実	ゼンセン同盟名誉会長	◁
	戸田義雄	國學院大学日本文化研究所名誉所員	◁
	服部貞弘	岩津天満宮名誉宮司・神道政治連盟常任顧問	◀
	福島信義	明治神宮名誉宮司	◀
	細川護貞	神社本庁統理	◀
	渡邊恵進	天台座主	◀
代表委員	石原慎太郎	作家	◁
	井尻千男	拓殖大学日本文化研究所前所長	◁
	出雲井晶	作家・日本画家	◁
	伊藤憲一	青山学院大学教授	◁
	井上信一	（財）仏教振興財団理事長	◀
	入江隆則	明治大学名誉教授	◁
	江藤 淳	文芸評論家	◁
	大石泰彦	東京大学恵与教授	◁
	岡田恵珠	崇教真光教え主	◀
	岡野聖法	解脱会法主	◀
	小倉霊現	念法眞教教団燈主	◀
	小田村寅二郎	社団法人国民文化研究会理事	◁
	小野田寛郎	財団法人小野田自然塾理事長	◁
	加瀬英明	外交評論家	◁
	加藤芳郎	漫画家	◁
	草柳大蔵	作家	◁

ても、根本的に検討を加える時期が到来していると総括すべきでしょう」（『日本の息吹』１９９５年7月号）などと述べていた。

「自民党依存型」が顕著に

だが、その後の日本会議がやったことは、結成式前日の「国会議員懇談会」設立が象徴するように、より「自民党依存型」を顕著にしたにすぎない。一方で、このことが地方議員も含め、日本会議の強みとなったのも事実だ。しかも「国会議員懇談会」は現在、２８０名（２０１６年4月段階）というから、設立時よりも80名近く増大している。やはり、相対的に政界での日本会議の影響力が強まっていることは疑いない。

当時の事務局長の小山は、村上正邦と同じく生長の家職員出身。生長の家政治連合職員から村上の秘書に転じ、１９９５年に自民党公認として参議院比例区で当選し、椛島と同様に、生長の家が政治から手を引いた後も活動を続けた。前述の「日本の前途と歴史教育を考える若手議員の会」のメンバーとして教科書攻撃の先頭に立ったが、ＫＳＤ事件では受託収賄容疑で２００１年に逮捕され、実刑が確定して一期で議員辞職に追い込まれた。

念のため、会長が三好から田久保忠衛に代わった最新の日本会議役員リスト（２０１６年2月20日段階）を提示する（**表8・表9**参照）。

「日本会議」最新の役員リスト（2016年2月20日段階）

表8

	氏名	肩書き（当時）	
名誉会長	三好 達	元最高裁長官	◁
顧問	石井公一郎	ブリヂストンサイクル元社長	◁
	北白川道久	神社本庁統理	◀
	鷹司尚武	神宮大宮司	◀
	服部貞弘	神道政治連盟常任顧問	◀
	渡邊惠進	前天台座主	◀
会長	田久保忠衛	杏林大学名誉教授	◁
副会長	安西愛子	声楽家	◁
	小田村四郎	元拓殖大学総長	◁
	小堀桂一郎	東京大学名誉教授	◁
	田中恆清	神社本庁総長	◀
代表委員	秋本協徳	新生佛教教団最高顧問	◀
	石原慎太郎	作家	◁
	板垣 正	元参議院議員	◁
	市川晋松	元日本相撲協会相談役	◁
	伊藤憲一	青山学院大学名誉教授	◁
	稲山霊芳	念法眞教燈主	◀
	今林賢郁	国民文化研究会理事長	◁
	入江隆則	明治大学名誉教授	◁
	宇都宮鐵彦	株式会社日華代表取締役会長	◁
	大石泰彦	東京大学名誉教授、故人	◁
	岡田光央	崇教真光教え主	◀
	岡野聖法	解脱会法主	◀
	小串和夫	熱田神宮宮司	◀
	尾辻秀久	日本遺族会会長	◁
	加瀬英明	外交評論家	◁
	城内康光	元ギリシャ大使	◁
	黒住宗晴	黒住教教主	◀
	慶野義雄	日本教師会会長	◁
	佐伯彰一	文芸評論家	◁
	佐藤和男	青山学院大学名誉教授	◁
	澁木正幸	日本会議経済人同志会会長	◁

表8

	氏名	肩書き（当時）	
	志摩 篤	偕行社理事長	
	志摩淑子	朝日写真ニュース社会長	
	住母家岩夫	NPO法人持続型環境実践研究会会長	
	関口慶一	佛所護念会教団会長	◀
	千 玄室	茶道裏千家前家元	
	髙城治延	神宮少宮司	◀
	武 覚超	比叡山延暦寺代表役員	◀
	竹本忠雄	筑波大学名誉教授	
	長曽我部延昭	神道政治連盟会長	◀
	寺島泰三	日本郷友連盟会長、英霊にこたえる会会長	
	徳川康久	靖國神社宮司	◀
	中島精太郎	明治神宮宮司	◀
	中野良子	オイスカインターナショナル総裁	◀
	長谷川三千子	埼玉大学名誉教授	
	廣池幹堂	モラロジー研究所理事長	◀
	保積秀胤	大和教団教主	◀
	松山文彦	東京都神社庁庁長	◀
	丸山敏秋	倫理研究所理事長	◀
	村松英子	女優、詩人	
	横倉義武	日本医師会会長	
監事	加瀬英明	外交評論家	
	澁木正幸	日本会議経済人同志会会長	
理事長	男成洋三	明治神宮崇敬会理事長	◀
事務総長	椛島有三	日本協議会会長	◀
事務局長	松村俊明	日本会議常任理事	

宗教系団体 ◀

「日本会議」に役員を送っている主な宗教系団体

表9

神社本庁
伊勢神宮
新生佛教教団
念法眞教
崇教真光
解脱会
熱田神宮
黒住教
佛所護念会教団
天台宗
比叡山延暦寺
神道政治連盟
靖国神社
オイスカ・インターナショナル
モラロジー研究所
大和教団
東京都神社庁
倫理研究所
明治神宮

日本会議HPの役員名簿より

日本会議の初代会長の塚本幸一は、日本を守る国民会議の代表委員。結成式では右派財界人らしく、「何といっても、憲法を変えなければなりません。芯が腐っていたのではこの国は立ち直れません。……五千万人以上の『日本会議』のメンバーができた時に、我々の力をもって憲法改正もできる」などと発言している。

このリストには、前身の日本を守る国民会議の役員名もほぼ掲載されているが、椛島によれば、結成式前の1997年4月10日に死去した黛敏郎が、初代会長の予定だったという。

「実は、日本会議初代会長への就任が内定していた故黛敏郎・日本を守る国民会議議長は生前、『日本会議が設立された時には、是非ともあなたには副会長になっていただきたい』と、塚本氏に対して自ら直接説得されていた。それを受けられて、塚本氏の副会長就任は内定していたのである。そのような経緯の中で、黛先生が急逝され、日本会議会長をどなたにお願いするかが問題になった時、塚本氏のお名前が自然に上がってきたのである」（「日本会議設立に思う」『祖國と青年』1997年7月号）

放送中止になった「題名のない音楽会」の内容

黛は作曲家、あるいは長寿番組だったテレビ朝日の「題名のない音楽会」（スポンサーは、社長が反日教組の教員団体に資金援助をしていた出光興産）の司会者として知名度は高かったが、極端な天皇中心の国粋主義者であることを隠さなかった。

1977年10月には、「題名のない音楽会」で「教育勅語のすすめ」を特集し、「（教育勅語の）全文をパネルに書いて舞台に掲げ、歌舞伎の中村富十郎が山田耕筰の『明治賛歌』をバックに朗読し、会場からは『教育勅語』を全文暗誦している人に登場してもらい、最後は会場全員でオーケストラをバックに朗読するという内容」（林雅行「自然体としての天皇崇拝　音楽家・黛敏郎（上）」『政界』1997年8月号）が、録画された。

さすがにテレビ朝日も、この録画の放送を中止。だがそれ以前にも、「建国記念日にぶつけて紀元節の復活万歳を、また靖国法案の是非が問題化している最中に靖国神社国営化を、番組をフルに活用してキャンペーンをはるなどやりたい放題」（矢沢保「黒いタクトが奏でるもの　『題名のない音楽会』と黛敏郎」『文化評論』1979年9月）だったという。

こうした、明らかに「ただ民族主義者、天皇主義者であるばかりでなく、心情主義、非合理主義」（同）な「作曲家」でも、議長だの会長が務まることに、日本会議やそれへの結成に至る右派大衆運動の本質がうかがえよう。彼らが「美しい伝統の国柄」、「日本の感性」といった、そもそも定義が一様ではなく、いかようにも主観的に解釈できる語句を多用してしか自らの存在意義を語れないのは、この「作曲家」像と似通った体質を物語っているのに違いない。

元最高裁長官が三代目会長に

結成時の役員リストには、物故者が多い。塚本も、結成大会の翌1998年6月に死去。二代目会長となった日本商工会議所会頭の稲葉興作は2006年11月に死去するが、会長職は2001年12月まで留まった。

三代目の三好達は、何と元最高裁長官。1976年に結成された「英霊にこたえる会」の初代会長で、日本を守る国民会議の前身の「元号法制化実現国民会議」の議長だった石田和外も元最高裁長官だったが、この2名は日本の司法制度の歪みを象徴していよう。似た例では、やはり「英霊にこたえる会」の会長に、かつての思想検事で、検事総長出身の井本台吉が就任していた例があるが、三好は当初、右派集団のトップに祭り上げられることはさすがにまずいと思っていたようだ。

「日本会議の初代会長であったワコールの塚本幸一会長がお亡くなりになられ会長職が空席になりました。それで平成十年（注＝1998年）十月に役員の方が私の所にお見えになって、会長就任のお話しがありました。しかし、私が最高裁長官を定年退官したのは、平成九年十月でしたから、『まだ退官して一年しか経っていない。裁判官として中立公平な立場で仕事をしてきた者として、国民運動の団体に関与することは差し控えたい』といってその時はお断りしたのです。その後、第二代の日本会議会長には、日本商工会議所の稲葉興作会頭が就任されたのですが、辞任され、平成十三年秋にもう一度会長就任の要請をいただいたわけです」

「最高裁長官を辞め、私人となって隠遁生活に入り既に四年が経っていました。もう関係者にも迷惑をかけることもそんなにないかも知れないと思ってお引き受けしたわけです」（三好達「再生なるか、保守主義運動の近未来」『正論』２００７年11月号）

明らかに司法の「中立性」が疑われるような元最高裁長官の右派団体会長就任が、退官後１年なら不可で、４年なら許容されるという理屈がどうもわからない。三好はこの記事で、「戦争犠牲者の追悼」を靖国神社ではなく、「国立追悼施設」で実施することに反対する理由として、「（靖国神社を創建した）明治天皇の大御心を踏みにじるもので、不遜極まりない」と主張しているが、憲法の政教分離原則よりも、「明治天皇の大御心」が大事のようだ。この程度の人物が、司法制度の頂点に就けるという事態の異常さは、強調し過ぎることはないだろう。

見逃せない旧軍関係者

また、結成式のリストから日本会議は、宗教団体を中心に財界、学界や自民党の票田の医師会や遺族会も網羅しているのがわかる。実態はともかく、これほど広く各界を網羅した形の右派組織は前例がない。そして見逃せないのは、最初のリストでの、旧軍関係者の人脈だろう。

まず、顧問の瀬島龍三。元大本営参謀で、首相時代の中曽根康弘のブレーン、さらには山﨑豊子の小説『不毛地帯』の主人公とされる瀬島については多数の文献が残されているが、ここでは本人が初代の代表幹事をしていた「同台経済懇話会」（1975年設立）について触れてみたい。
この団体は、旧陸軍士官学校、陸軍幼年学校、陸軍経理学校出身者の大手企業を中心とした経済人で構成される。防衛大学校出身者も含まれるが、大半が自衛隊幹部になる同校の性格からして、こちらの方の比重は薄い。活動内容は政財界人の講演会開催や企業見学、東京裁判で日本の無罪を主張したとして右派の尊敬を集めているインド人判事・パール博士の「顕彰碑建立祭」等がある。1996年には、「記念事業出版の別冊」として、戦前を正当化した『大東亜戦争の本質』（同台経済懇話会刊）を出版した。

そのHPの「主要活動」という欄を見ると、1999年に「日本会議との連携協力の強化」とある。前年の1998年9月に開かれた日本会議理事会では、「同台経済懇話会」代表幹事の山本卓眞《たくま》（富士通名誉会長。陸士出身）が副会長に就任していた。山本は、旧陸軍将校を中心とした親睦組織である偕行社の会長や、靖国神社崇敬者総代、靖国神社崇敬奉賛会副会長を歴任した。瀬島は2009年7月、山本は2012年1月に死去している。

次に、代表委員の末次一郎。やはり、中曽根の首相時代のブレーンで、1984年に設置された「閣僚の靖国神社参拝問題に関する懇談会」に委員として加わり、翌1985年に中曽根の首相としての靖国神社公式参拝を実現するため暗躍。「最後の国士」などと呼ばれた政界のフィクサーでもあった。

諜報謀略戦やゲリラ戦の秘密要員を育成する、陸軍中野学校二俣分校（静岡県浜松市）出身。同校出身で、1974年にフィリピンのルバング島から帰還した小野田寛郎もやはり代表委員に名を連ねているが、政界への隠然たる影響力は末次の比ではなかった。末次は2001年7月、小野田は2014年1月に死去している。

最後に、代表委員の堀江正夫。２０１６年で１００歳になる高齢だが、瀬島と同じく旧陸軍士官学校・陸軍大学出身で、戦後は陸上自衛隊幕僚副長、西部方面総監を歴任。退官後、１９７７年に自衛隊票で自民党の参議院議員（当時の全国区）に当選し、２期務めた。旧軍人・自衛隊ＯＢを中心に「国防思想の普及をはかり、英霊の慰霊・顕彰を行う」という日本郷友連盟の会長や「英霊にこたえる会」の会長、さらには統一協会（現・世界平和統一家庭連合）が関与する「アジアと日本の平和と安全を守る全国フォーラム」の会長も歴任している。一時は、旧軍人・自衛隊ＯＢの人脈の頂点に君臨した大物だ。

瀬島や末次がどの程度、日本会議という組織に貢献したのか不明だが、「戦後50年」当時とは違って今日、もはや旧軍人の人脈は絶えつつあるのは事実だ。かつて自民党の大票田だった「日本遺族会」や「軍恩連盟全国連合会」（軍恩連）と同様に、その政治力は以前のようには期待できないだろう。

ただ、現日本会議代表委員の寺島泰三は戦後の自衛隊入隊組で、旧軍の経験はなく、１９９１年に統合幕僚会議議長で退官している。そして堀江の後任として、「英霊にこたえる会」の会長に就任している。寺島のような自衛隊制服組幹部は、退官後の政治活動について警戒する必要があるだろう。しかも、「齋藤隆元統合幕僚長（14期）は現役時代、『国家革新を唱える右翼的な人物』として、公安警察にマークされていました」（水島朝穂「自衛隊制服組が『軍隊化』を進める」『週刊金曜日』２０１６年３月25日号）といった情報もある。

また、１９９９年11月８日に鹿児島市で開催された、「神社庁、日本会議を中心」とする天皇の「即位十周年鹿児島大会」において、「陸上自衛隊国分音楽隊が……『海ゆかば』を演奏」（『日本の息吹』１９９９年12月号）という事態も起きている。同じ鹿児島市で２０１４年５月に開かれた、日本会議代表委員の長谷川三千子を講師とする「新たな憲法の制定を！　鹿児島県民の集い」は、日本会議鹿児島や日本会議鹿児島女性の会、神道政治連盟鹿児島県支部ら4団体の共催であったが、後援団体として鹿児島県隊友会（自衛隊の退職者で組織）の政治連盟が加わっている。

２０００年8月15日に鳥取市の護国神社で開かれた「戦没者追悼慰霊祭」は、日本会議鳥取と、隊友会の県組織との共催であった。さらに日本会議宮崎は、「加盟団体」に宮崎県議会自由民主党日本会議懇話会や宮崎県神社庁等と並んで、宮崎県隊友会、自衛隊父兄会宮崎県支部連合が参加している。日本会議北海道のＨＰに掲載されている「支部紹介」のうちの上川協議会（２００２年設立）では、「軍都旭川を活動の中心とする支部として、自衛隊や隊友会とも友好関係を築き、共同で防衛学習会等を行っております」とある。具体的内容は不明だが、自衛隊が集団的自衛権行使の「合憲」化によって新たにより能動的な性格を帯びていく可能性もあり、日本会議との地域での自衛隊及びその関連組織のこれらのような結びつきについても、今後要注意だろう。

また、日本を守る国民会議の結成時の役員は26人であったのに、日本会議では70人にも増加している。形としては日本を守る会との合併であったためでもあろうが、結成式から19年経った現在は、57人に減った。20年近い歳月は日本会議の役員構成及び組織に影響を及ばさないはずがない。修養団系を含む宗教関係者の役員は、結成時の25人から23人と2人減ったにすぎず、その分、組織としての宗教色が濃くなったと言えようが、実際の動員もさらに各宗教団体に依存する割合が高まるのではないか。

いずれにせよ、名称が変わっても同一の人物らによって運営されている以上、日本会議がその運動パターンに関し格別な変化を示した形跡はない。結成後、初めて開かれた１９９８年4月18日の総会では、①天皇即位10年の「奉祝運動」実施②国民的憲法論議の巻き起こし③教科書の偏向記述の是正

④首相の靖国神社参拝実現⑤夫婦別姓法案反対――等の「国民運動方針」が採択された。

このうち特筆すべきは、教科書記述や学校の教育現場に介入する「教育の国民運動」だろう。よく知られているように日本会議と村上正邦や小山孝雄を先頭にした日本会議国会議員懇談会、そして系列の地方議員が教科書攻撃を上回るマッカーシズムを思わせる強圧ぶりでまず広島県の教育に対し難癖をつけ、さらにそれが小渕恵三内閣による「日の丸・君が代」法制化に結実していく。この意味では、日本会議は結成直後にして早くも自身の存在感を示したといえるだろう。

恐怖政治にも似た「日の丸・君が代」の押しつけ

最初に火を付けたのが、例によって『産経新聞』。1996年8月31日付で、広島県の小・中・高の「日の丸・君が代」の実施率が低く、それは「2・28確認」に原因があるとする記事を掲載した。この「2・28確認」とは、1992年に当時の広島県教育長と、広島県高教組が確認した文書で、『君が代』については歌詞が主権在民という憲法になじまないという見解もあり、身分差別につながるおそれもあり、国民の十分なコンセンサスが得られていない状況にある」とし、『日の丸・君が代』については各学校が主体的に創造するもの」と確認されている。

これによって、多くの県の小・中・高の学校では「日の丸」を三脚で会場に設置し、「君が代」は「新たな混乱は回避する」として、実施されていなかった。これを『産経』が「偏向教育」などと批判。その後に国会で扇動を始めたのが、小山だった。

小山は1998年4月、日本会議作成の「日の丸・君が代」を教室内で生徒に見せた福山市の中学教員・佐藤泰典を「参考人」としてわざわざ参議院予算委員会に呼び、「(生徒が) ひどい時は、廊下を自転車で二人乗りをして、『イエーイ』と声をあげながら手を振って他の先生や生徒をからかったりという状態です」などと「証言」させた。ところがこの教員は後に、実際に勤務する中学校で起きた事実ではなく、「聞いた話」だと保護者に認めている。

さらに小山は、県の公立学校では「道徳」を「人権」、「国語」を「日本語」としているとか、卒業・入学式での「日の丸・君が代」の実施率が低いなどと主張し、「文部省の調査」を要求した。さらに日本会議は同年11月23日に開いた「日本会議広島」の設立大会で、「国会議員調査団の派遣を要望する」との「決議文」を採択。さらに翌1998年2月19日、「日本会議広島の役員、県議、市議、PTA役員ら総勢十名」が「奥野誠亮自民党教育問題連絡協議会会長・衆院議員をはじめ、衆参二十名の議員を訪ね」、「国会議員による教育視察団」の県派遣を要望した(『日本の息吹』1998年3月号)。

この一連の動きについて、前出の村上正邦の回想録には、「日本会議事務局幹部の話」として、以下のように背景が語られている。

「小山質問の前年、日本会議は全国に支部を作ろうとしていた。広島に支部ができたのは平成九年(一九九七年)十一月だったが、その過程で広島の教育の問題が出てきた。……この問題を自民党教育問題協議会(奥野誠亮会長)で何度も取り上げてもらった。……一方、広島出身の亀井郁夫参院議員などに頼んで、『広島県の教育を考える国会議員の会』をつくってもらい、地元の県議会議員らとも連絡をとりながら運動を進めた」(『証言 村上正邦 我、国に裏切られようとも』)

こうした「運動」の結果が、文部省(現文部科学省)から送り込まれた県教育長・辰野裕一による、恐怖政治にも似た処分の乱発による、「日の丸・君が代」の押しつけだった。すでに小山「質問」直後に文部省は「現地調査」に入り、5月には「是正指導」をするが、辰野は同年12月、「2・28確認」との整合性を不明にしたまま、県立高校に「卒業式及び入学式などにおける国旗掲揚及び国歌斉唱の指導」を通達。翌1999年2月には「職務命令」をちらつかせて、県立学校校長に「卒業式における国旗・国歌の実施状況、教師の服務状況」について、式終了後直ちに報告するよう通達した。

式当日には、県議で現日本会議広島地方議員連盟会長の石橋良三を先頭に、自民党県議団が各県立学校の卒業式に乗り込み、「実施状況」の実態調査をするという異様さだった。そして同年2月28日、県立世羅高校の校長が自殺に追い込まれたのは、このような日本会議と県教委が一体となった強権発動の結果だったろう。

この校長は、自殺以前から「君が代」は身分差別助長につながるとして「やりたくない」との意思を表明しており、それを察知した県教委から何度も「実施」を求める電話を受けていた。さらに自殺当日の日曜日に県教委は、自宅にまで職員を派遣するとの脅しをかけ、その結果、職員が自宅を訪れた直後に自殺している。

利用された校長の自殺

だが、この自殺事件が何と逆に利用されてしまう。事件以前に首相の小渕が参議院で「日の丸・君が代」の法制化は「今の時点では考えていない」と答弁していたにもかかわらず、官房長官の野中広務が「総理、こんな事件はね、もう起こすわけにいきません。国旗国歌法案をやりましょう」（野中広務『老兵は死なず』２００５年文藝春秋社刊）と押し切ったのだ。そして１９９９年８月９日に、参院本会議で「国旗・国歌法案」が可決・成立してしまう。

すでに広島県では、１９９８年の卒業式の時点で「君が代」斉唱が30％台だったものが、１９９９年に中学校で75・２％、小学校で85・２％と大幅に増加。「国旗国歌法」成立後の２０００年の卒業式、入学式では、県立高校の「君が代」斉唱は１００％となり、小学校97・４％、中学校98・４％にまで上がった。また、１９９９年７月からの全国キャラバンで、「国旗・国歌法制化実現」を訴えていた日本会議にとっては、一連の経過を自身の「勝利」として見なすことができたであろう。

だが、結成式の「設立宣言」で「わが国は、古えより多様な価値の共存を認め」などと謳った日本会議が、教科書攻撃以来実行してきた「運動」とは、国家神道ばりのむき出しの不寛容と、「赤狩り」そのものの強権発動の誘発にすぎない。日本会議が言葉ではなく自らの行動で示したのは、こうした集団が、奥野誠亮のような特高警察あがりでも堂々と「教育問題連絡協議会会長」に居座れるような与党と癒着してそれを動かし、社会への影響度をより高めたならば、いったいどのような事態が生じるのかということの、確実な予測性ではなかったのか。

それでも、１９９７年の日本会議結成以降、地方組織が次々に誕生していく。もともと、日本を守る国民会議の都道府県組織が確立されており、その移行という形式が取られたケースが大半の模様だ。各結成式を見ると、「新しい時代にふさわしい新憲法を」などというスローガンを掲げている割には「皇居遥拝」だの、「聖寿万歳三唱」だのがあちこちで登場し、古色蒼然とした印象が否めないが、それも神社勢力の影響が濃厚だからだろう。

たとえば、結成式で役員として、一部判明した神社関係者が登場している主な例を**表10**に挙げてみ

「日本会議」各地での結成式で神社関係者が登場しているもの

表10

地域	年月日	日本会議の地方組織の肩書き	神社界での肩書き
香川	1998年10月	事務総長	県神社庁参事
鹿児島	1998年3月	会長	県護国神社宮司
青森	1998年3月	副本部長	神道政治連盟県本部長
		顧問	県神社庁長
愛知	1998年4月	県本部副会長	熱田神宮権宮司
島根	1998年5月	会長代行	出雲大社教管長
福井	1998年6月	副会長	県神社総代会長
		運営委員長	県神社庁長
熊本	1998年6月	副会長	県神社庁長
大阪	1998年6月	運営委員長	神道政治連盟大阪府本部長
群馬	1998年8月	発起人	県神社庁長
宮城	1998年8月	副本部長	護国神社宮司
長崎	1998年8月	理事長	県神社庁長
宮崎	1998年8月	(祝辞)	県神社庁長
栃木	1998年8月	副会長	県神社庁副庁長
		副会長	県護国神社宮司
		顧問	県神社庁長
富山	1998年9月	副会長	県護国神社宮司
神奈川	1998年9月	準備委員	県神社庁参事
沖縄	1998年9月	準備委員(?)	県神社庁長
徳島	1998年9月	運営委員長	忌部神社宮司
		(閉会の辞)	県神社庁長
京都	1998年12月	準備委員会委員長	石清水八幡宮権宮司
石川	1999年1月	(設立宣言朗読)	県神道青年会長
山梨	1999年1月	(祝辞)	県神社庁長
		(万歳三唱)	県神社庁副庁長
北海道	1999年2月	(祝辞)	北海道神宮宮司
埼玉	1999年5月	副会長	県神社庁長
三重	1999年8月	(祝辞)	伊勢神宮大宮司(代理)
静岡	1999年8月	副会長	県神社庁長
千葉	1999年10月	(万歳三唱)	県神社庁長
兵庫	1999年12月	準備委員会委員長	生田神社宮司

よう。

各地の結成式では、他の宗教団体として県モラロジー参与会会長が、県本部の顧問（愛知）を務めていた例があるが、少なくとも機関誌に名前が登場するのは、圧倒的に神社関係者が多い。神社関係者以外の役員としては、地元経済界・商工会関係者や、自民党の地方議員が目立つ。

また京都府では、日本を守る国民会議の組織が「日本を愛する京都国民会議」と名乗っていたが、そこからの「強い要望を受け」、神道政治連盟京都府本部が「神社庁と協議の結果」、事務局を「担当することになった」（神道政治連盟京都府本部三十年記念誌『曙』２００２年11月刊）という。こうした例が他の地域でどこまであったのか不明だが、神社本庁が日本会議の地方組織移行に関与しても、不思議ではなかったろう。

現在の、日本会議の各都道府県組織に関しては、外部から全役員名を把握するのは困難だ。しかし、例外的に知ることができる福岡は、**表11**の構成になっている（２０１４年12月段階。日本会議福岡のＨＰより）。

このように福岡県では、役員は地元経済界関係者が大半で、宗教人は神社関係者２名のみだ。少なくとも福岡県の例は、必ずしも組織・動員力を宗教団体に頼ってきた日本を守る会・日本を守る国民会議の姿とは異なる様相を見せている。

これとは反対に、神社を始めとした宗教者が役員で格段に目立つのが、日本会議愛知だ（**表12**参照、『あいち通信』第六十七号。２０１５年３月刊。理事長、理事等は略）。

また役員のみならず、日本会議の地方組織本部と神社の結合例は珍しくない。一例を挙げると、日本会議熊本は熊本県神社庁、日本会議大阪は大阪府神社庁、日本会議京都は京都府神社会館にそれぞ

「日本会議」福岡の役員構成（2014年12月段階）

表11

	氏名	肩書き	
名誉会長	田中健藏	元九州大学学長	
会長	松尾新吾	九州電力㈱	
副会長	西高辻信良	福岡県神社庁庁長	◀
	重渕雅敏	TOTO㈱ 特別顧問	
	本村康人	㈱本村商店取締役会長	
	吉岡輝城	(公社)福岡県剣道連盟常任理事	
	中村量一	(学)中村学園理事長	
名誉顧問	石原 進	九州旅客鉄道㈱ 相談役	
	末吉紀雄	福岡商工会議所会頭	
	菅原道之	ライオンズクラブ役員	
	橋田紘一	㈱九電工取締役相談役	
	牧之内繁男	ローム・アポロ㈱ 名誉会長	
理事長	山本泰藏	日本政策研究センター代表幹事	◀
副理事長	安倍輝彦	㈶北九州上下水道協会非常勤理事	
	香月洋一	(医)香月内科医院理事長	
	小菅亥三郎	九州不動産専門学院理事長	
	田村豐彦	福岡縣護国神社宮司	◀
	塚田征二	㈱裕生堂代表取締役社長	
	吉田邦雄	㈳福岡県郷友連盟会長	
専務理事	梶栗勝敏	県本部事務局長	
組織部会長	小西敏文	修猷館高等学校同窓会	
事業部会長	安河内康彦	㈱ダイアン代表取締役社長	
時局部会長	藤井守人	福岡黎明社幹事長	
教育部会長	吉村恭二	吉村整骨院院長	
憲法部会長	丸山 廣	司法書士	
女性部会長	佐藤信良子	全日本きものコンサルタント協会 装道礼法きもの学院分院長	

宗教系団体 ◀

「日本会議」愛知の役員構成（2015年3月段階）

表12

	氏名	肩書き	宗教系団体
名誉会長	小串和夫	愛知県神社庁庁長、熱田神宮宮司	◀
会長	重冨 亮	医療法人香流会理事長	
代表委員	牧野武彦	愛知県神社庁副庁長、大縣神社宮司	◀
	服部憲明	神道政治連盟愛知県本部会長	◀
	辰守 弘	真清田神社宮司	◀
	山脇敏夫	尾張大國霊神社宮司	◀
	副野 均	若宮八幡社宮司	◀
	高羽信浩	愛知縣護國神社宮司	◀
	岩佐龍治	念法眞教名古屋念法寺信徒総代	◀
	滝藤 勲	新生佛教教団名岐支部	◀
	深谷 昇	株式会社エフケイ社長	
	名倉輝光	名古屋経営舎漁火会会長	
	西村和子	和らぎ健康センター代表	

宗教系団体 ◀

れ置かれている。支部段階でも、福岡県の北九州支部は篠崎八幡神社社務所、奈良北支部は県護国神社、大阪北摂支部は伊射奈岐神社、山口周南支部は遠石八幡宮、といった具合だ。

全国各地で行なわれる日本会議の集会

神社が地域のコミュニティセンターの機能を果たしていることもあるだろうが、日本会議の各種集会が神社関連施設で開催され、特に「2・11建国記念の日」や「8・15終戦記念日」では、様々な名称で日本会議と地元神社の共催による行事・集会が各地の神社内で挙行されている。おそらく地域での日本会議の活動にとって、程度の差はあれ神社は欠かすことができない存在だろう。

そして、日本を守る国民会議から日本会議に移行しても、彼らの「勝利」は続く。その最大の成果として彼らが自負するのは、何といっても「教育の憲法」・教育基本法の改悪であったろう。前出の、日本会議三代目会長の三好達が語る。

「日本会議だけの力ではありませんが、教育基本法改正を成し遂げたことは、日本会議が取り組んだ多くの運動の中でも最も大きな成果だと私は思っています。

平成十五年（注＝２００３年）三月に中央教育審議会の答申が出て、答申にいわゆる『愛国心の涵養』が入っていました。ところが、与党の公明党の消極的な姿勢もあって、なかなか改正論議が進まない。それで平成十五年五月から早期改正を求める国民署名運動と地方議会決議運動を始めて、平成十六年十一月に日比谷公会堂で二千五百人を集めて、超党派の『教育基本法改正促進委員会』（最高顧問・森喜朗元首相）や「民間教育臨調」（会長、西澤潤一首都大学東京学長）と共催で、『教育基本法改正を求める中央国民集会』を開催しました。

その後も、平成十七年から十八年にかけて国民集会を何度も開催して早期改正を求め続けた。結局、改正案が提出されたのが去年の四月でした」（三好達「再生なるか、保守主義運動の近未来」）

結局、安倍第一次政権下の２００７年12月15日に参議院本会議で、「国民世論の盛り上がりと強力な国民運動が政府の後押し」（『日本の息吹』２００７年2月号）となって、教育基本法の「改正」案が可決されるが、日本会議は２０００年以降、「三百六十数万の国民署名を集め、三十七都府県・四百二十市区町村で地方議会決議を上げ、八回に及ぶ国民集会を開催するなど、休むことなく国民運動を推進して来ました」（同）という。

「愛国心の養成」にこだわる

だが、日本会議が「改正」法案に求めた①「愛国心の養成」の明記②「宗教的情操の涵養」の盛り込み③第十条の「教育は不当な支配に服することなく」の削除——の「三点修正」は、すべて実現されなかった。それでも「私共が修正要求した法案趣旨が政府答弁の中で明確に示される成果を挙げました」(同)というから、日本会議にとっては「戦後体制から脱却する意味で高く評価されます」(同)という総括となっている。

この「改正」については、そもそも「なぜ全面的改正なのか」という立法事実について、政府側からのまともな答弁は皆無であり、せいぜい「教育をめぐる諸情勢の変化の中で教育の根本にさかのぼった改革が求められている」といった類の抽象論だけが披露されたにすぎない。日本会議にすれば「戦後体制から脱却する」ことが立法事実であったかもしれないが、そんなことは教育を受ける側にとっては、何の意味もないはずだ。

しかも子どもの「愛国心の養成」にこだわるのは、「心から国旗を仰ぎ、堂々と国歌を歌い、日本人として生きる自覚を持った立派な日本人を育てる」(『日本の息吹』2006年12月号)ためとする。「心から国旗を仰ぎ、堂々と国歌を歌」うのが「立派な日本人」だという無邪気な信仰には絶句するしかないが、「国旗を仰」がず、「国歌を歌」わなかったら、彼らのレッテル貼りの常套句である「反日日本人」になるのか。個々の内面性確立と、周囲がどうあれ自らの良心に基づいて行動・発言する勇気を欠いた「愛国心」なるものが、民主主義の確立をどれだけ阻害し、権力に従順な国民を基盤とする全体主義社会にとってどれだけ好都合であるかを、いまさら日本会議のような自称「愛国者」に説いても仕方ないのかもしれない。だが、彼らの基準によればおそらく「愛国者」だらけだったろう戦前の大日本帝国の末路を見れば、何かにつけて「愛国心」を押しつけたがる者たちに安易に同調するわけにはいくまい。無論、この点についても、「戦後体制から脱却する」などと唱えている集団にとってはおよそ理解不能だろうが。

対米従属という矛盾

現行憲法を「占領憲法」と主張しながら日米安保条約に反対しない。そもそも歴代自民党政権の対米従属政策に異議を唱えることもない。どんなに「愛国者」ぶっても日本会議は大きな矛盾を抱えているのだ。

戦後、神社勢力の「国民精神昂揚運動」は、「紀元節」を復活させた後、「一世一元号制度」も復活させた。さらに、日本を守る会→日本を守る国民会議→日本会議という系列で伸張を遂げた右派の結集体は、「日の丸・君が代」を国旗・国歌に法制化させ、そして教育基本法の基本精神を葬り去る運動に成功を収めた。残った主な課題は靖国神社の国有化（又は公的存在化）と明文改憲であり、後者がもし達成されたら前者も実現するのはごく容易となるだろう。

そのような「運動」が要した時間を考えるなら、明文改憲についても、いつか将来的に「国体の恢復」を目指す勢力を歓喜させる事態がもたらされるのではないかという懸念を消すのは難しい。これまでの経験則に照らすと、「過去の克服」があまりに不十分だった戦後という時代は、結局さしたる波乱もないままに、戦前の「国体の恢復」を実現し続けていくという予測も、あながち悪夢ではないのかもしれない。

ただ確かなのは、日本会議がいくらこれからも自身の政治目的を達成していこうが、「国体の恢復」など永遠にできはしないという点だろう。なぜなら、彼らが意図的にか、あるいは無意識的にか沈黙している「対米従属」という現実が、決して変わりはしないからだ。そうした未来図を端的に象徴していたのが、2015年4月の日本会議第54回常任理事会で勇退した三好達に代わり、田久保忠衛が第4代の会長に就任した点だろう。

人事については、「現在、日本会議は悲願であります憲法改正運動を主軸に運動を展開しておりますが、田久保先生には、近年、産経新聞社の『国民の憲法』起草委員会の委員長として憲法改正内容を取りまとめられた実績があり、また『美しい日本の憲法をつくる国民の会』共同代表のお一人でもあり、この時期、日本会議の新会長に最適任の方であるとの正副会長のご推挙によるもの」(『日本の息吹』2015年6月号)と、説明されている。

イラク戦争で米国に追随

田久保は時事通信社の外信部長等を歴任後、1992年から杏林大学で教え、現在、名誉教授という肩書きだが、典型的な親米派としても知られる。その米国盲信ぶりは、安倍晋三のブレーンとされ、

「アングロサクソンに付いて行けば間違いない」などと、米国に自国の頭脳を預ければ事足りるような驚くべき言説をまき散らしていた元駐タイ大使の故・岡崎久彦（日本教育再生機構顧問）と並んで顕著だが、当然ながらイラク戦争でもこの二人は旗振り役を演じた。

その理由が振るっている。『諸君！』２００３年４月号で岡崎と対談した田久保は、「１４４１は、虚偽の報告や深刻漏れがあれば『重大な違反』に当たると規定し、その場合は『深刻な事態に直面する』と警告していたんですから、パウエル国務長官の報告からも明らかなように決議違反は明白です」と論じた。

言うまでもなく「１４４１」とは、イラク戦争前の２００２年11月、国連安保理事会が採択したイラクに「大量破壊兵器」の「強制査察」を押し付けた決議１４４１を指す。決議内容の是非は別にして、「１４４１」は国際連合監視検証査察委員会（ＵＮＭＯＶＩＣ）と国際原子力機関（ＩＡＥＡ）に査察を行なわせ、フセイン政権の「武装解除」が遂行されているか否かを確定する権限を与えた。

そこで「決議違反」の有無を確定するのはＵＮＭＯＶＩＣとＩＡＥＡであり、「重大な違反」があった場合、両機関が「直ちに安保理に報告する」ことが「１４４１」で明記されていた。だが、イラク国内での査察も終わらないうちに、しかもこの二つの機関からそうした「重大な違反」の報告は一切出ていない段階で、安保理決議もないまま一方的に武力行使に踏み切ったのが、米国（及び英国とオーストラリア）だった。

こうした初歩的な事実を無視し、しかも当のコーリン・パウエル本人が「イカサマ」だと認めた悪名高い安保理での「パウエル国務長官の報告」なるものを武力行使正当化のために持ち出して、米国の世論自身すらもとうの昔に「誤り」と認めた戦争を煽りながら、田久保が自身の言説のデタラメさを反省した形跡はない。無論、岡崎や、日本会議の集会によく登場する京都大学名誉教授の中西輝政ら『産経』『正論』の常連執筆者も、おしなべて田久保と同様に今日までイラク戦争の主張の誤りについて沈黙を決め込んでいる。およそ自分の言論に責任感もなさそうな「対米従属」思考で頭が染まっている論者が、ここでも「愛国心とは、ならず者達の最後の避難所である」を演じているのだ。

日本会議は、「占領軍スタッフが1週間で作成して押し付けた」現行憲法によって、「自国の防衛を他国に委ねる独立心の喪失」をもたらしたと主張し、改憲を正当化している（日本会議のＨＰ「日本会議が目指すもの」より）。だが、「自国の防衛を他国に委ねる」現実を法的に規定しているのは憲法ではなく、１９５９年3月30日に東京地裁（伊達秋雄裁判長）判決で「憲法上その存在を許すべからざるものである」と指摘された、日米安保条約だ。

日本会議の「愛国」とは？

しかも、安保条約をめぐって日本側と交渉した米国務省政策顧問（当時）のジョン・フォスター・ダレスの１９５１年の発言が雄弁に示しているように、この条約の本質は、米国側が「我々が望むだけの軍隊を、望む場所に、望む期間だけ駐留をさせる権利を有する」という、先進国には類例を見ない「全土基地方式」にある。戦後70年経っても、首都圏上空の管制権すら米国に握られ、国内で事故・事件を起こした米兵の「第一次裁判権」の確保も許さない日米地位協定も加わって、この国の米国による準占領状態は、今日も継続している。

だが、何かと言えば現行憲法を「占領憲法」などと批判しながら「自主憲法」を主張している日本会議は、準占領状態の元凶である「自国の防衛を他国に委ねる」安保条約と、それに付随した沖縄で続出している基地被害を問題にしない。田久保や岡崎のように「アングロサクソンに付いて行けば間違いない」とばかり「日米同盟強化」を容認している様は、「独立心の喪失」以前の、自己矛盾の極みだろう。「自主憲法」を主張する以前に、「自主防衛」や「自主外交」を唱えてもおかしくはないだろうが、決してそうならないのは、岡崎が何よりも忌み嫌った「反米志向」と見なされるのを恐れてのことに違いない。ならば、最初から「占領体制」がどうのこうのと「愛国者」ぶるのを止めたらいい。

以上のことは、戦後70年間、「日本の伝統的国家理念を護持する」などと唱え続けている神社本庁やその同伴宗教団体にも当てはまる。とっくに冷戦が終結しながら、主権の及ばない異国軍隊の基地が首都圏や全国各地に居座り続けるというのは、いつから「日本の伝統」になったのか。こうした問いかけにどう見ても回答を用意してはいないような日本会議とそれを構成する右派宗教団体は、おそらく「占領軍スタッフ」が反共政策の結果生み出した、一つの意義ある成果なのだろう。一見「ナショナリズム」のような雰囲気を煽りながら、米国が命令すれば疑わずに何でも従うような自民党や日本会議といった集団がこの国の右傾化を推進すれば、米国にとっては許容範囲どころか、真の支配者が誰なのかを国民に見えにくくしてくれる機能も期待できるからだ。

日本会議が諸悪の根源のように宣伝している現行憲法が、もし彼らの路線通り変えられても、異様な対米従属は微動だにすまい。その結果もし変わるものがあるとしたら、彼らが「美しい」と呼んでいるこの国の、民主主義と国民主権、市民的自由、平和主義のさらなる後退ではないのか。

（文中一部敬称略）

神社と国家の関係はどう変化したか

宗教学者
島薗進
インタビュー

しまぞの　すすむ／1948年生まれ。宗教学者。上智大学大学院実践宗教学研究科教授、同グリーフケア研究所所長、東京大学名誉教授（元大学院人文社会系研究科教授）。著書に『国家神道と日本人』（岩波書店）、共著に『愛国と信仰の構造　全体主義はよみがえるのか』（集英社新書）など

国家神道は日本という国家にどのように浸透してきたのか。戦前からさかのぼり明治維新の頃にできあがった国家と神社の結びつきをひもとく。

――日本会議の主張を見ると、「伝統」という言葉が散見されます。彼らの言う「伝統」は何を意味するのかというと、「日本の歴史上、ずっと国民が天皇と一体感を持っていた」というものです。

江戸時代の末期に至るまで天皇の存在というのは、多くの日本の住民にはほとんど意識されていませんでした。

日本会議などが「伝統」というときに「国体」という観念が一番重要です。「古代の神話時代の神様につらなって天皇が永遠に続いている国、日本」ということです。つまり「万世一系」で、世界にただ一つのすぐれた国のあり方で、『和』の国」だというのです。この「歴史上一度も変わらない」国体とされているものこそが、日本の「伝統」だとするのです。

つまり、「日本の伝統」という言葉に自ずと「国体」のニュアンスが入ってくるということです。明治維新以後、その国体論的な思想こそが正統思想だということになりました。近代国家が正統としたものは、国民に共有されるため、なかなか消えることはありません。「歴史上一度も変わらない」ということが事実に合わなくても、強力な感化力を持つのではないでしょうか。しかも、「神に由来する天皇」として強い宗教的な力を持っています。

１９３０年代以降、「国体」や「伝統」が非常に強調され、国全体がそれ一色に染まりました。さらに天皇の犠牲になって死ぬことが、非常に高い価値を持つようになっていたのです。

たとえば、江戸時代末期に始まり、靖国神社のもとになった招魂祭にそのような傾向がありました。それが日露戦争や乃木希典《のぎまれすけ》大将の殉死（明治天皇が亡くなった１９１２年）で、殉教的な「軍神」という観念となり、多くの兵士にまで強要されるようになってしまいました。

国民がみんな国の犠牲になる、そして天皇が政治的な機能を強力に発揮するということが日本の歴史上で言えば特殊なものであって、明治以後、特殊な方向に進んだわけです。近代以前の歴史では天皇はむしろ象徴的な存在に留まり、政治的に影響力を持ってないし、天皇の犠牲になるなどという信念はなかったわけです。そういう意味では有力な伝統とは言えません。

――まして時の権力者が天皇の権威を民衆に強制していたなんていうことは極めて異例です。

明治維新のときから、そういうことが始まっています。天皇自身が聖なる権威であることを自ら主張しようとしたという側面はほとんどありません。むしろ、権力側や権力を取りたい勢力が自分たちの権力を強化するために、天皇の権威を利用しました。それがどんどん先鋭化していくわけです。しばしば天皇は、それを好ましくないと見ていたことも知られています。二・二六事件（１９３６年）はよい例でしょう。天皇を掲げたテロリズムに対して否定的でした。

しかし五・一五事件（１９３２年）もそうですが、民衆はそれを支持するところがありました。それで政府は厳しく罰することはしませんでした。早くから軍部は天皇の権威を掲げて暴力的な方向に向かい、どんどん深みにはまっていってしまったのです。

そもそも国体論的な思想が正統思想として国全体を導くものになったのは、尊皇攘夷運動から明治維新への流れの中で起きたことです。国体論的な思想は近世にできたもので広まったのは近代ですが、「日本の古代以来の歴史を通じての伝統だ」と教育されました。たとえば『海行かば』という軍歌の歌詞は、『万葉集』の中の大伴家持が作った長歌から採られています。このようにあたかも古代的なものが引き続いているかのように装ったということです。

しかし、実際の日本の歴史は、そんな単純なものではありません。天皇が国全体に影響力を持った時期は、そう多くはないわけです。一方、天皇が日本に存在しつづけて、ある一定の地位を維持してきたということも事実です。このため、天皇という存在をどう位置づけるかということは、ごまかしやすい面があります。「伝統」というときに、どこまでが歴史的事実で、どこまでが特別な信念かということの境目が混じり合ってしまうのです。

たとえば、天皇崇敬の伝統とされるものには、むしろ中世の武士的な伝統が影響している面もあります。「天皇のため」というよりは、封建的な主従関係の中で培われた「領主のため」という考えです。

――「信念」というものは宗教的な要素が大きく占められていると思います。その「信念」に対して事実を基にした議論をすることは可能なのでしょうか。

「国体」論に連なる皇室観や「日本の伝統」観を広めようとしている、日本会議の中心にいる人たちの考え方と、今の憲法の象徴天皇を尊ぶのが妥当だという考え方は、はっきり分けて考えなければいけません。

自民党の主流は後者の考え方だと思われていました。ところが、この間、どうも日本会議のような方向になっているのではないでしょうか。世界各国も驚いているのではないでしょうか。

戦前、神社は宗教ではなかった

――自民党まで染まっているような一つの国体概念になっています。それに対抗するための拠り所は日本国憲法第20条の政教分離になるのでしょうか。


政教分離の原則は非常に重要だと思います。

「天皇が神に由来する聖なる地位を持っていて、その天皇を崇敬することが日本の国家の美しい伝統だ」という考えの人たちが一番受け入れたくないものは「神道指令」です。これは1945（昭和20）年の12月15日、GHQ（連合国最高司令官総司令部）が出したもので、戦後の政教分離の基礎になっています。神道指令は、神社神道と国家の分離を規定しているのですが、法的に裏づけたのは日本国憲法20条、89条です。

「戦前の体制にこそ日本の伝統がある」という考え方の人たちは、戦後一貫して神道指令を覆すことに力を注いできました。そこで伊勢神宮の地位を高めたり、靖国神社を国家的な施設にしたり、紀元節を復活させたりという動きを見せてきた。要するに、天皇の地位を国家的なものにすると同時に神的な地位として復活させたいということです。歴史の見方もそういう方向に近づけるように修正しようとするのです。そうすることによって、現代の日本人にも国体という考え方を受け入れさせたいという願望を彼らは持っているのでしょう。

そういう願望を持っている人たちの組織の一つが神社本庁です。他の勢力もいろいろあり、結集の核が「新しい歴史教科書を作る会」という形をとったこともありますが、21世紀に入って、日本会議が結集の核のようなってきました。

――戦前、「神社は宗教にあらざる祭祀の場」とされましたが、戦後は「神社＝宗教」となりました。それがまた自民党の憲法改正案で神社を「習俗」にしようとしています。そうなれば、また神社はいくらでも国家との癒着が可能になるのではないでしょうか。

神道指令で、神社と国家の関係をはっきり切り離しましたが、皇室儀礼の地位が不明確でした。GHQは、神社組織と国家を分けるだけではなく、天皇崇敬にもブレーキをかけなければいけないと考えました。そこで神道指令を出した翌年、1946（昭和21）年1月1日に「天皇の人間宣言」（「新日本建設に関する詔書」）とよばれるものが出て、天皇への宗教的な崇拝にブレーキをかけようとしました。

しかし、神道指令で皇室儀礼についてほとんど触れられていなかったことで、揺り戻しができるようになっていました。そこで、「神宮の真姿顕現運動」というものが起こされ、伊勢神宮の地位を国家的なものにしようとしたり、靖国神社を国家的な戦没者追悼施設にする企てがくり返されました。

特に、靖国神社に祀られるということは「天皇の犠牲となって死んだ命」が尊いという考えがついてきます。もともとそういう風にして始まった神社（招魂社）に「戦没者の追悼」という性格が加わってきました。ですので、靖国が国家施設になるということは、そこに天皇崇敬的なものがまた強く入ってくるということです。こういう戦前回帰的な考えを持つことを日本会議の人たちは追求してきたわけです。

さらに、その一環として戦前に「神社は祭祀であって宗教ではない」と言われたように、今も「儀礼は宗教とは言えない」ということを一つの梃子にしようとしています。たとえば、津地鎮祭裁判などで「宗教といっても、それほど思想信条の自由に影響を及ぼさない範囲のものは行政の関与を認める」という最高裁判決が出ました。彼らはこの考えをもっと広げたいのです。そうすると、大喪儀や大嘗祭のような天皇の代替わり儀礼も堂々と神道式でできるわけですから。「天皇崇敬をまた国家的レベルのものにしていける」というわけですね。それに賛成する国民は少ないと思いますが、国体論を信奉する人たちにとっては非常に重要なことなのです。

――今の日本会議のような草の根レベルから、国家神道の復活を見据えた運動は、天皇の「価値」を拡大するための運動とパラレルな気がします。

明治維新後、教育勅語（１８９０年）を中心に、国家的に国民に国体論を教え込むということをやってきました。教育勅語が下されてから、20年、30年と経つと、次第に国民がそれに染まってくるということがあります。

一方では、戦争と軍隊を通して、そういうものが広められていくということです。初めは国民は天皇崇敬にあんまり関心がなかったといえるでしょう。たとえば、天理教や大本教のような宗教を見ると、初期には天皇崇敬はまったく出てきません。仏教の中にもそういうものは乏しかったわけですが、国家がそういう宗教をどんどん従属させていくわけです。しだいに国民も「天皇崇敬こそが正しいものの考え方だ」ということを受け入れるようになりました。そして、いわば方便的に天皇崇敬論を主張していた支配層やエリート層に国民が抗って、やがて軍部を後押しするようになるのです。

一方、戦後の日本はそういうものを国家的に教え込むことをしてきませんでした。憲法20条をはじめ、人権にかかわる思想信条や、主体的に生きて行く自由にかかわる規定の方が戦後は優勢だったわけです。戦後の国民の間に「国体論こそが正統」だという考え方は強くなかったでしょう。

ですが、今は国が国体論的な考え方を広める方向に力を入れてきています。教育基本法が改正され、国が「日の丸・君が代」を強制するようになり、メディアも国と同じ方向へ変わっていくとなると、戦前の日本が辿った悪いパターンに近づいていく可能性がないとは言えません。

戦前に戻ることは、日本本来の姿に戻ること?

——「伝統」にそぐわないものは「反日」などとレッテルを貼るなど、彼らは自分たちの価値観を共有しないものに対する攻撃をしてきます。これは国家神道に特有のものなんでしょうか。

江戸時代に国学というものがあって、「仏教や儒教というのは日本本来のものじゃない」と批判する、あるいは排斥するという流れがありました。一方、幕末や明治維新にもっと強い影響力を持ったのは、国学よりも水戸学です。水戸学は儒学の流れではありますが、尊皇攘夷で「外から日本を脅かす劣ったものを強く追い払う」というところに力点がありました。先ほども言った通り、「国体」論には、「日本の国体は世界で唯一であり、他より優れている」という考えがありました。他に勝っているがゆえに、自分たちの思想を広めていく使命もあると感じるようになってきます。

もともと「わが国こそが他より優れている」という考えは「華夷思想」という中国的な中華思想です。「自分たちの文明こそが優れていて、周辺に夷狄がいるから、それを払う」という思想です。

日本の国体思想は華夷思想の日本版で、『日本的華夷思想』とも言えます。その思想が明治維新のときに強力にインストールされたということです。

明治維新の頃の日本は、西洋の圧力でキリスト教的な「自分たちこそは正しい」という思想の影響を受けた面もあります。しかし、それとともに中国的な「皇帝こそが神聖な権威を持ち、世界統一する儀礼を行ない、民はその教えを守る」という中華思想の影響があるのです。日本的というよりキリスト教や中華思想に染まったとも言えます。

――その思想がまだ脈々と残っています。彼らには、「今の日本をそういう『国体』に近づけなければいけないんだ」という、すごい衝動があるわけですね。

そうです。近代日本は、「近代化というのは西洋を見習わなければならない。西洋諸国のようにならなければ富国強兵ができない」ということで、西洋的なものを受け入れていきました。しかし、『和魂洋才』だから根っこは日本的なものでなければいけない」という考えがありました。実はその根っこなるものも、西洋や中国的な思想の影響を受けているのです。

西洋的と言っても「立憲主義的な近代政体に倣ってこそ、国が発展できる」という考えは、明治の日清戦争、日露戦争、さらに大正デモクラシーの頃までの話です。その後の日本は「立憲主義よりも日本古来の国体だ」という方向に向かっていきました。

戦後はまた「西洋文明を見習わなければ」となりましたが、冷戦期以降、世界的に西洋の影響が次第に後退し、「西洋がモデル」という考え方が弱まっていきました。このため、各文明圏がそれぞれの文明原理みたいなものを前面に押し出していくようになりました。日本でも、西洋がライバルだった時代から、急速に中国や韓国がライバルになる時代となりました。そういう中で、ライバル同士が似てくるわけです。これは世界的にいろんなところで起きていることですが、中国、韓国、日本は東アジア的な権威主義の方向へ流れていきました。

たとえば入学式等で国旗を掲げ、国歌を歌わせるのは諸外国では中国、韓国、日本だけという文科省の報告もあります。今の中国共産党というのは、国家の正統教義を掲げる団体です。皇帝はいないけれど、共産党員はかつての儒教的な国家官僚層を引き継いでいると見ることもできるわけです。そういうことからいうと、経済発展が続いて自由が拡充してもよいはずなのに、相変わらず立憲主義よりも国家の権威が優位に立っています。これは東アジアに共通の傾向と言えるでしょう。

――3国間のナショナリズムが相互にぶつかり合っているということですね。そういう状況で、日本の中でさらにナショナリズム的なものが純化していく可能性があるのではないでしょうか。

ナショナリズムがあんまり健全ではない形で出ているというのは東アジアに共通の傾向です。相互に刺激しあって、内側の団結を高めることが都合のいい人たちもいるわけです。「社会の発展のためには民主主義的な平等性や、表現の自由、思想信条の自由を尊ぶ、あるいは、生存権まで含めた人権尊重が基礎である」という考え方よりも、官僚組織や経済組織にとっては「団結を強めて意思決定を容易にし、国力を高める」という考え方の方が有利です。「民主主義の非効率性」ということが言われる時代ですので、そういう傾向も伝統復古なる風潮に貢献しているでしょう。

――2015年に安全保障関連法が成立して、集団的自衛権の行使が可能になりました。このままでいくと、自衛隊が外国で戦闘して誰かが戦死するということも考えられます。そういう大きな流れの中で、天皇の権威強化を図る動きはどういう意味を持つんでしょうか。

今の自民党を見ていると、その疑いがだいぶ強いです。かつての派閥で言えば、清和会、福田派が強く持っていたし、あるいは中曽根派とかその周辺にはあった動きです。一方、田中派、竹下派、それから宮澤派の流れである宏池会の系統はあまりそうではありませんでした。自民党はもともと宗教的な天皇崇敬にひかれる人は多くなかったと思いますが、今の自民党の憲法改正の案には、「戦前回帰」という言葉が当たってしまうところが多々あります。

たとえば、2013年に伊勢神宮で行なわれた式年遷宮では安倍首相が遷御の儀に参列しました。これは、1929年に濱口雄幸首相が参列して以来、実に史上2度目のことです。1929年の後の歴史というのは、満州事変に向かっていく流れですから、安倍首相の参列には非常に嫌な感じがします。神道国家という方向へ舵を切ろうとしている気配がします。

——明治時代の国家神道について、島薗さんは、「天皇を頂点とする権威性はあるけれども、一方で、別なものがあってそれが『二重構造』を形成している」ということを指摘されています。それがここにきて、日本全体を「一元化」できるようなものがじわじわ広がってきているような気がしてなりません。

１９３０年代から15年の間のような体制に日本が戻ることは考えにくいと思います。ただ、そこであったような「傾向」が出てきているということです。つまり、伝統なるものに則って全体の秩序を尊ぶことで、人権や精神の自由が抑圧されていくということがいろんなところで起きています。

たとえば、大学の中であまり自由にものが言えなかったり、テレビの報道なども国家がかなり規制していいます。ソフトな全体主義といっては語弊があるかもしれませんが。日本や中国だけではなく、ロシア、ハンガリー、ポーランドなど世界的にもそういう傾向があるでしょう。残念ながら、すでに日本はそういう方向に向かっているということです。

国際日本文化研究センターのジョン・ブリーン教授が『神都物語』（吉川弘文館、２０１５年）で言っていることですが、講和以降、伊勢神宮や三種の神器が国家的な地位を持つようになってきています。しかし、このことについての反対運動や裁判に、あまり目立ったものがありません。メディアもそれを指摘していなければ、学者も指摘しきれていません。

たとえば、市民対象の教室で「４月29日は何の日ですか？」と尋ねても、みんな知らないんです。

昭和天皇の誕生日が「みどりの日」になって「昭和の日」となりました。「昭和の日」になったということは、「天皇の日」になったということです。日本の祝日の仕組みというのが、天皇中心に成り立っていることを国民が意識しないままできています。今、「文化の日」を「明治の日」にしようという運動がありますが、「明治の日」というのは明治節であり、その前は明治天皇の天長節（天皇誕生日）ですから、まさに天皇崇敬の日に戻るわけです。

このように国を危うくさせたような国体論的、あるいは国家神道的な精神構造が浸透してきているのです。私が「二重構造」と言うのは国家神道が国民それぞれの思想・信条の上にかぶさって統合されるという意味です。歴史教科書でも天皇の地位が重視され、「戦前の体制がよかったんだ」っていうことを主張しようとしているのは、多様な思想・信条を抑えこもうとするものです。政府がそちらに舵をきると「戦前に戻ることは、日本本来の姿に戻ることだ」と考える人がじわじわ増えてきます。これは非常に危ぶむべきことです。

戦後民主主義を基礎付ける議論の不足

——2016年5月26日・27日に三重県・伊勢志摩でG7サミットをやりました。

ジョン・ブリーンさん（神道に詳しい英国の歴史学者）とも話し合ったのですが、三重・伊勢志摩でサミットをやるのも、「伊勢こそが日本の中心である」とアピールしようという考えが透けて見えます。しかし、日本の神道の歴史から見たら、「伊勢神宮こそが全国の神社の中心である」というのは明治以降の話で、神道の歴史では一つの立場にすぎません。

――日本会議を見ていると、彼ら一人ひとりの信条というよりは、つねに国家的な主張を自分たちの中で組み込むことが目的のように感じます。神職の特徴なのでしょうか。

戦前、神職は国家機関としての側面をもつ神社の聖職者として養成されました。学校でいえば、皇學館と皇典講究所・國學院でした。神職養成が国家的な意義をもっていたのに、それが崩れてしまったから、またもとに戻そうということだと思います。

葦津珍彦《あしづうずひこ》（１９０９～92年）をはじめとする神社界のリーダーたちが、国家祭祀の担い手であった戦前の神職集団の考え方を引き継いだのです。ただ、神職の中にも「それは適切じゃない」と考えている人が少なくないと思います。神社本庁はそういう方針を取っているけれども、それは決して神職全員の考え方と一致しているわけではないでしょう。

――そこはまだ救われる気がしますね。神道というのは、やっぱり国家が介入するのではなく自立した方がいいと思います。

戦前の神道は国家機関的な性格を持ち、それを強める運動を続け、一時、神祇院という国家機関にまでなったわけです。日本会議を中心とする人たちは、どうしてもそこに理想がいってしまうのでしょう。

――神道が宗教法人になっても、その理想があるということですか。

そのへんは必ずしも首尾一貫していません。神社本庁も信教の自由や政教分離を是認するような立場も表明しています。つまり、自分たちは「宗教」だと認識して、宗教法人であるという立場を打ち出してきたわけです。その一方で「神社は宗教ではない」と主張をすることは、とても矛盾していてできないはずです。

――戦後も実質的に国家神道というのが存続してきたという島薗さんの主張に立ち返るならば、存続してしまったことで今、非常にマイナスの局面に来ているということでしょうか。

国家神道が存続したことがマイナスと言いたいのではありません。国家神道を除去することが良かったとは必ずしも言えません。それは天皇制が廃棄されることがよかったかどうかはわからないし、象徴天皇の下で、民主主義が成熟していく可能性はありうるわけですから。

政教分離が徹底して行なわれたという論に安心してしまって、反省が弱かったのです。信教の自由という点で戦前のどこに問題があって、何をどう変えればよかったかということについて、GHQの方針が徹底していたと思い込んで、反省を怠ってきたということが言えるでしょう。

特に1980年代あたりの日本は一種の「うぬぼれ的な日本文化論」が流行しました。日本的経営がよかったとか、縄文的なアニミズムや森の文化がすぐれているとかいうことが言われました。欧米に習っていくというやり方が目標にならなくなったとき、「日本へ返る」みたいな考え方が広まっていったのです。その「日本へ返る」という考え方が、よく吟味されないうちに天皇中心の体制に返る方向に政官財などの指導層が引っ張り込まれてしまったのです。

——今は広い意味での戦後民主主義を支えた理念や言説が問われています。

私は1948年生まれですが、私たち戦後の世代は自分たちが教えられた戦後の理念を基礎づける作業が充分でなかったという気がします。つまり、戦後の民主主義や、立憲主義、あるいは基本的人権が、なぜ私たちの社会の構成源として重要なのかということを基礎づける議論が足りなかったのでしょう。

——同感です。8・15を境として「継承」と「断絶」という二つの面があると思います。けれど、なぜ断絶があったのかという思想の深め方が希薄だった気がします。

江藤淳（1932〜99年）などが主張したことですが、戦後検閲という問題がありますね。戦後、占領軍が行なった言論統制の下で、日本人自身が自分たちの思考と言論を通して、戦後の社会構成のあり方や思想原理を形作ってきたプロセスが弱いのです。充分反省されていないということです。そのためにGHQがやったものを覆せば、全部が解決するという短絡的な思考も出てきやすくなってしまいました。それは、一種のユートピア主義です。『愛国と信仰の構造　全体主義はよみがえるのか』

を共著で出した東京工業大学教授・中島岳志さんの発想に通じますが、右翼のユートピア主義というのがあると思います。敵を具体的に見定め攻撃することで、全部が解決するような幻想を抱き、自分が救われた気になるということでしょう。これは善悪二元論的な思考法とも言えるでしょう。宗教学や公共哲学を研究していると、政教分離や信教の自由は、すごく重要なテーマです。政治と宗教はなぜ、どういう意味で分離しなければならず、どこに危惧すべき問題があるのかについての議論が甘い。「国家神道とは何か」ということも充分に議論されていません。憲法学者と話していても、それは非常に思うところです。

さらに「政教分離」と言う場合、「宗教とは何か」ということは大きな問題です。そして、宗教あるいはそれに類する神聖な権威に基づく社会体制というものが、なぜ危ういかということを明確にすべきです。日本の伝統や近代国家のあり方に即して、それが立憲主義とどうかかわっていくかということも、西洋モデルが相対化されてきた今こそよく見えてきたということでしょう。

それは宗教学の弱さでもあったし、憲法学の方も欧米の観念によりかかっているところがあったと思います。歴史学や政治学もそうです。諸方面から反省を積み重ね、政教分離についての議論が必要だということです。また、歴史を見直すということについて言えば、たとえば、戦前の日本を、「軍国主義」といったり、「超国家主義」といったり、「軍部ファシズム」といったりします。その体制はどこがどううまくいかなかったのか、それが天皇崇敬とどう関わっていたのか、という問題です。国民はその問題はもう解決ずみと思ってきたところがある。

——宗教だけではなくて歴史も含めてということですね。

たとえば、どうしてアジア太平洋戦争という悪い方向に向かってしまったかということについての議論も不十分です。論はいろいろあるとしても、それが国民の共通了解になるような形で充分にうまく整理されていないと感じます。

靖国の問題で言えば、靖国は世界の他の戦没者追悼施設とどう違うのか。つまり、天皇崇敬を鼓吹し、個々人の命を軽んじて自己犠牲させる、いわば殉教をあおるような施設になったということです。それが特攻につながりますし、捕虜になることも許さなかった。最後は「全員が死ぬことが日本本来のやり方だ」と「玉砕」ということになりました。宗教的な一種の殉教思想です。それが歴史的にどう形成されてきたのかということが重要です。

日本だけではなくて、世界的に戦死者の美化ということはあり、それも批判されなければいけません。しかし、靖国の場合、戦没者の慰霊ではなく天皇崇敬が濃厚に組み込まれているということです。そういう意味で特定宗教を国民に強いることになる。

今の日本会議をはじめ、戦前回帰的な国体論を掲げている人たちは、それについての反省をほとんど言っていないでしょう。

――今、果たすべき思想的課題が非常に大きいですね。

そうですね。日本の文化的伝統、宗教などについて、もっと広く深く考えていかなければなりません。

聞き手／成澤宗男　写真撮影／竹内美保

第2章

政治団体化する神社

政治運動体化する
神社本庁の暗部

神社乗っ取り事件

日本会議の中核として存在感をみせている神社本庁。全国約8万5000社のうち約7万9000社の神社を包括する巨大な宗教法人をめぐる不可解な事件を追った。

片岡伸行《かたおか　のぶゆき》
『週刊金曜日』編集部

狙われた宇佐神宮

2016年の年明け、神社へ初詣に出向き驚いた人も多いだろう。ある神社境内には「憲法の内容を見直しましょう　賛同署名のお願い」という大きな立て看板と、白い布の掛かった署名台が置かれていた。これは「美しい日本の憲法をつくる国民の会」の改憲運動に、神社本庁の意向を受けて各神社が協力したものだそうだ。「政教分離」（憲法20条）などどこ吹く風とばかり、神社が政治の下請け機関に成り下がっているようなこの光景は、まさに国家神道の歴史を彷彿とさせる。

「美しい日本の憲法をつくる国民の会」とは、2016年夏の参議院議員選挙で、〈「憲法改正国民投票」の実現と、過半数の賛成による憲法改正の成立〉（同会ホームページより）をめざす改憲団体だ。2015年11月に催した「今こそ憲法改正を！　武道館1万人大会」には、安倍晋三首相がビデオでメッセージを寄せた。

共同代表として櫻井よしこ（ジャーナリスト）、田久保忠衛（日本会議会長、杏林大学名誉教授）、三好達（日本会議名誉会長、元最高裁判所長官）の三氏が名を連ね、代表発起人の中には日本会議副会長の田中恆清・神社本庁総長がおり、事務総長は打田文博・神道政治連盟幹事長が務める。その歴史認識といい政治目的といい、安倍政権を支える日本最大の右派組織「日本会議」の〝別働隊〟と言ってよいだろう。自民党を支援する実質的な選挙活動体でもある。

38人の代表発起人の中には葛西敬之（JR東海名誉会長）、すぎやまこういち（作曲家）、中西輝政（京都大学名誉教授）、舞の海秀平（大相撲解説者）、長谷川三千子（埼玉大学名誉教授）、百田尚樹（作家）の各氏らがいて、さながら〝アベちゃん応援団〟だ。

神社がこのように突出して政治運動体化するのは、自然崇拝や祖先崇拝を旨として祭儀を中心に活動するとされる神道の本道から大きく逸脱しているように見える。

匿名を条件に、神社関係者はこう証言する。

「私ども（の神社）は戦争反対だし、原発にも反対です。しかし、表立って言えない。最近の（神社）本庁の動きをおかしいと思っている人は少なくないと思います」

そればかりでなく、近年の神社界には耳を疑うような事件も起きる。その一つが、大分県にある宇《う》佐《さ》神宮の代々の宮司家である到津《いとうづ》家追い出し事件だ。すでに法的には最高裁の決定（13年5月）で到津家側の敗訴が確定しているが、争いは現在もなお続いている。まずは、事件の経緯を見てみる。

あからさまな人事介入

大分県宇佐市の御許山《おもとさん》（標高６４７メートル）山麓にある宇佐神宮は、全国に約４万６００社ある八幡宮の総本宮である。

宇佐神宮の責任役員会は２００８年7月15日、当時、病気療養中だった池永公比古《いけながきみひこ》宮司の後任として、代々の宮司家である到津家の長女で権宮司（宮司の代理）の職にあった到津克子《よしこ》さんを宮司に選任することを全員一致で決定し、任命権を持っている神社本庁にその任命を具申した。しかし、神社本庁からは何の返答もなく、裏であからさまな人事介入をしてきたという。

「その年の8月に池永宮司が亡くなると、元大分県教育委員長の永岡恵一郎氏（現・責任役員）が私の自宅に来て、後継者に当時の宮内庁掌典長（注1）であるI氏を天下りさせるから承認せよと言ってきた。私は官僚の天下りは絶対ダメだと断った。そうしたら、神社本庁は、宇佐神宮のような大きなお宮の宮司には女性は任命しない、と言ってきたんです」

こう話すのは、当時の責任役員の一人で医師の賀来昌義さんだ。この証言は裁判にも出されている。このとき神社本庁側で宇佐神宮の人事問題に関わっていたのが、当時の副総長だった前出の田中恆清・現総長である。しかし、この人事工作は暗礁に乗り上げる。神社本庁側から見れば、思わぬ人物が出現するのである。

天皇が憂慮する発言

この年（08年）は9月に大分県で第63回国民体育大会が開催された。宮内庁の「天皇皇后両陛下のご日程」によれば、同年9月26日（金）から28日（日）までの3日間、夫妻は大分県に滞在し、国体開会式（同月27日）への臨場をはじめ、各地の施設などを訪問。この日程には記載されていないが、滞在中、滞在ホテルで開かれた大分県出身者の学習院同窓会（桜友会）にも参加した。

その同窓会に参加していた到津克子さんの実母である到津悦子《としこ》さんとの間で次のような内容のやりとりがあったという。

天皇 このあいだの勅祭社(注2)の集まり(宮司会)には娘さんが来てくれたけど、宮司になったの?
悦子 いえ。神社本庁に具申しておりますが、何の音沙汰もなく……。
天皇 そりゃあ大変だ。すぐに本庁の権限のある者に電話をしなさい。
悦子 神道のトップは陛下でいらっしゃいますから、ご命令ください。
天皇 私に権限があったならすぐにでも(宮司に)したい。到津家は歴史ある家です。(宇佐神宮を)ちゃんとしてもらわないと困りますね。

女性宮司の任命を拒む神社本庁側の姿勢とは真逆である。こうした同窓会の場では、一人ひとりがそれぞれの近況や思いを自由に発言し、談話をする時間を設けているという。閉じられた席での発言のため、録音などはされていないが、悦子さんによれば、同窓会の場には約50人が出席していて、このやりとりを聞いていたという。

その翌日、悦子さんがこの天皇発言を神社本庁側に電話で伝えると、元皇族の久邇邦昭《くにくにあき》統理(当時)は「天皇はいらんことをした」などと漏らしたという。

宮司不在のまま年の明けた09年1月13日、到津克子さんの父で、悦子さんの夫である到津公齊《きみなり》名誉宮司が亡くなると、文字どおりの「乗っ取りクーデター」が起きる。なんと、悲しみも癒えぬ葬儀の翌日(1月16日)、悦子さんと克子さんの母娘を中傷し、克子さんの宮司就任を拒否するよう求める

「嘆願書」が、宇佐神宮の禰宜《ねぎ》（宮司の補佐）ら11人の連名で神社本庁宛にこっそりと郵送されたのである。

地元から反発の声

小雨に煙る境内は参拝客の姿もまばらだった。２０１６年1月末、宇佐神宮を訪れた。代々の宮司家、到津家の母娘追い出しを謀った「嘆願書」（２００９年1月16日付）に筆頭で署名し、その後、宇佐神宮では2人しか置けないという権宮司に昇進した永弘《ながおか》健二権宮司（68歳）に話を聞くため、私は約20万坪という広大な敷地を持つ宇佐神宮の境内に足を踏み入れた。

「宇佐神宮の騒動？　知っちょるよ。伝統ある神社なのに争いごとなんてみっともないねえ」（乗ったタクシーの運転手さん）

地元ではそのような声を複数聞いたが、到津家排除の経緯や背景まで知る人はほとんどいない。到津家の長女で権宮司だった克子さんの宮司任命をめぐり、神社本庁が介入してくる経緯にもう少し触れておこう。

「宮司になんかするか！」

先述したように、克子さんの宮司就任が宙ぶらりんになっていることを憂慮する天皇発言（２００8年9月）を受けて、克子さんの母・悦子さんが神社本庁にその旨を述べて娘の宮司任命の決定を求めたところ、田中恆清副総長（当時）＝石清水八幡宮宮司＝はこう応じたという。

「誰が宮司になんかするか！　世襲は田中（自分のこと＝石清水八幡宮）、千家《せんげ》（出雲大社）、西高辻《にしたかつじ》（太宰府天満宮）の三家だけじゃ（注3）。宮司じゃないと（神社本庁を）脱退できないからな。気多《けた》大社みたいにはいかんぞ」

なぜここで唐突に、気多大社（石川県羽咋《はくい》市）の名前が出てくるのかは、少し説明が必要だ。神社本庁からの脱退を決めた気多大社に対し、神社本庁は06年8月、当時の宮司を懲戒免職にし、石川県神社庁長を兼任宮司に任命。この処分を不服とし、気多大社は裁判に訴え（被告は文部科学大臣）、10年4月、最高裁が気多大社による神社規則変更（神社本庁からの脱退）を認める決定をした。

つまり、田中副総長の発言は、神社本庁の宮司任命にタテを突き、本庁から脱退しようとしても克子さんが権宮司である限り、それは認められない、という趣旨だ。当時、気多大社と争っていた神社本庁側の懸念が口をついて出てしまったのかもしれない。

以後、神社本庁側は克子さんを宮司にさせないために、さまざまな人事工作をしてきた。それらがことごとく不調に終わったのち、克子さんの父・公齊名誉宮司の葬儀の翌日、宇佐神宮の神職11人の連名で、克子さんの宮司就任を拒否するよう求める前述の「嘆願書」が出されたのである。経過からしてこれは、神社本庁＝田中副総長の意を汲んだものと思われても仕方がない。

「独自の判断でやった」

その「嘆願書」提出の中心人物とされる永弘権宮司が宇佐神宮社務所で取材に応じた。以下は筆者とのやりとりの一部だ。

――到津家排除の嘆願書は神社本庁側の意向を汲んだ、具体的に言えば当時の副総長である田中さんとの協議の上で、その指示のもとに出したのではないかとの疑いがあります。提出日の前日、公齊名誉宮司の葬儀には田中さんも参列していました。

永弘　いや、何も話していません。葬儀で忙しく、そんな暇はなかった。田中さんと話し合ったという噂があるのは知っているが、一切話していない。

――いや、噂ではなく、永弘さんが本庁と通じていたのではないかと話す当時の関係者もいます。任命権を持つと称する神社本庁の代表が葬儀に参列し目の前にいるのに、翌日に出す文書について何も話していないと言い張るのは逆に不自然です。

永弘　……。いや、あくまで我々独自の判断でやったものです。

――事実経過を見てゆくと、とてもそうとは思えない。葬儀の翌日にこういう「嘆願書」を出すのは一般常識から外れていませんか。

永弘　それだけ積み重なったものがあるということだ。

――積み重なったもの？　かりになんらかの問題があるとしても、責任役員会の決定に背いて宮司にさせず、そのあげくに免職。ひどいやり方ですね。

永弘　それは今、裁判をやってるから……。

克子さんを懲戒免職に

前述の「嘆願書」に呼応して神社本庁は、公齊名誉宮司の「五十日祭」（注4）も終わらない09年2月26日、宇佐神宮の特任宮司に穴井伸久・大分県神社庁長を任命。これに対し到津さん側は翌10年3月、神社本庁を相手取り、宮司としての地位確認を求めて大分地裁中津支部に提訴したが、一審、控訴審ともに棄却、最高裁も13年5月、「審理すべき事案ではない」などとして取り合わなかった。

宮司としての地位確認はならなかったものの、克子さんは権宮司の職にあった。しかし、最高裁決定を契機に日常的な監視や会話の録音、永弘権宮司による暴力沙汰（克子さんは刑事告訴したが、不起訴に）などが起き、さらに一方的に待遇を引き下げられたため、克子さんは中津労働基準監督署に申し入れた。

これを受け、中津労基署は同年11月、宇佐神宮に対して改善を指示。しかし宇佐神宮側はこれに従うどころか、翌12月24日の責任役員会（穴井宮司ほか溝部定見《みぞべさだみ》、櫟木晋一郎《いちきしんいちろう》、永岡恵一郎の3氏）で克子さんの懲戒免職処分を決定し、年明けの14年1月10日に神社本庁（北白川道久《きたしらかわみちひさ》統理宛）に「到津

（克子）権宮司懲戒免職願」を提出した。これを受け神社本庁は同年5月15日、克子さんの免職を決定。宇佐神宮も同日、解雇を通告したのである。克子さんは6月、解雇（免職）無効を求めて提訴した。

裁判は同年9月から始まり、2016年2月16日には第10回口頭弁論が大分地裁中津支部で開かれた。克子さんの代理人・岡村正淳《おかむらまさあつ》弁護士はこの裁判を「女性差別という問題もあるが、神社本庁による宇佐神宮に対する直轄支配というのが本質的な問題」と話す。

14年11月に結成された「宇佐神宮の伝統を守る会」でも、神社本庁と宇佐神宮による一連の動きを、〈宇佐神宮の伝統と権威を根本から覆して、宇佐神宮を事実上乗っ取ろうとする策動〉〈仕組まれた到津克子さんの不当な解雇〉（会報より）と位置づけ、幅広く支援を呼びかけている。

そうした中、神社本庁の裁量で宮司となった穴井宮司（67歳）の解任を求める「嘆願書」が、2015年12月5日付で神社本庁に提出された。嘆願書では、職務遂行能力や指導力などを疑問視し、後任に県神社庁長を推薦。宇佐神宮の氏子総代5人のうちの4人と、県神社庁宇佐支部の全役員ら10人が署名をしている。

これは到津さん側とは無関係の動きだが、穴井宮司解任の嘆願書提出のきっかけとなったのが、同年7月10日に起きた宇佐神宮の権禰宜同士による酒席での暴力事件だという。事件は傷害罪で略式起訴され、加害者に11月5日付で罰金10万円の略式命令が中津簡裁から出された。関係者はこう話す。

「穴井宮司はなぜか加害者を擁護し、被害者の権禰宜をクビにすると言い出したのです。これが公正さを欠くとして不満や疑問の声が上がり、今回の解任嘆願につながっているのです」

その当事者の権禰宜の名前を思わぬところで聞くことになる。「到津家排除の嘆願書は誰が書いたのか」との私の質問に対し、永弘権宮司が渋々こう答えたのだ。

「○×権禰宜です」

それは、前述の暴力を振るった方の権禰宜の名前だった。

人事のボタンをかけ間違えると、人心は荒廃する。神社本庁が送り込んだ穴井宮司の解任騒ぎにまで発展している宇佐神宮の一連の不祥事で問われるべきは、神社本庁の人事介入のあり方と任命責任なのではないか。

さらに、宇佐での取材中、ある情報がもたらされた。宇佐神宮は穴井宮司を解任し、神社本庁総務部長を新たな宮司に任命することを検討中、というものだ。これが事実なら、まさに岡村弁護士の言う「神社本庁による直轄支配」が完成する。しかし、地元の神社関係者は匿名を条件にこう話した。

「本庁からの命令的な人事は許せない。これ以上、地元を無視した任命をやるなら、本庁からの脱退も現実味を帯びてくる」

国家神道の復活狙う？

全国にある神社は本来、独立した存在である。他の宗教のように本山、末寺といった関係ではない。「本庁之を輔翼す」(神社本庁の庁規第61条)。「輔翼」とは、補佐するという意味であり、それが1946年2月3日に創立した神社本庁の存立趣旨である。ところが、神社本庁が各神社の宮司の任命権と財産処分権を持つ限り、中央集権化し、補佐どころか、その権能を恣意的に使うことが可能となる。当事者主権を奪っているのが現在の神社本庁の姿だ。それがまた、国家神道時代に回帰したように政治運動体化した、今日の上意下達のシステムを作り出す構造的要因ともなっている。

「神社本庁は本来、互助会のような組織。しかし、今の神社本庁は戦前・戦中の内務省神社局のような機関になろうとしている」。

そう話すのは、地元「宇佐文学」顧問の岩男英俊さん（78歳）だ。神社神道の研究者でもある岩男さんによれば、神社本庁は全国に約３５０社ある別表神社（注５）の宮司はおろか、神職まですべての任命権を握れるよう画策しているという。「国家神道の復活を狙っているとしか思えません」。

宇佐神宮の事件は全国各地の神社にとっても他人事ではないはずだ。神社本庁は問題の多い宮司任命権を放棄し、各神社の当事者組織に委ねるべきだろう。

前出の永弘権宮司は最後にぼそっとこう言った。

「本当は、到津家が（宮司を）継ぐのが一番いい」

それが本心なら８年前（２００８年７月）の責任役員会の全員一致による克子さんの宮司就任決定にまで立ち戻ることが必要ではないか。

復職をめざして裁判を闘う克子さんは「社会不安の多い中、神道が乱れの元になってはならない」と語る。

神社本庁に田中総長の取材を申し込むと、「係争中だから」として応じなかった。

（注１）宮中の祭祀を担当する部署のトップで、宮内庁職員のような国家公務員ではなく、いわゆる「内廷の職員」として皇室に直接雇用されている。
（注２）祭祀に際して天皇が勅使（使者）を出す由緒ある神社のことで、現在は16社あり、宇佐神宮もその一つ。
（注３）「世襲が三家だけ」という根拠については不明。
（注４）仏教で言う「四十九日」の忌明けが神道の「五十日祭」に当たる。
（注５）由緒、経済規模などが有力な神社のことで、神社本庁の規定の「別表」に掲げられていることからそう呼ばれる。

冠纓神社も乗っ取られた

神社本庁に狙われたのは宇佐神宮だけではない。香川県高松市香南町の冠纓《かんえい》神社。８６１年の創建とされ、安倍晴明が神主をしていたとの社伝がある同神社にも神社本庁、神道政治連盟の影が……。

「汚名着せられたまま死ねない」

「先祖と子孫の誇りを踏みにじられ、汚名を着せられたまま死ぬわけにはいきません。地元の政治家と神社本庁、県神社庁がグルになり、私たちをどう扱ってきたのか。多くの人々に実際にここで起きてきた事態を知ってもらいたい」

そう語るのは、夫（友安盛敬《ともやすもりのり》宮司）亡き後、敷地1万坪の冠纓神社を一人で守る妻の友安安記子さん（70歳）。高松空港から車で5分ほど、高松市香南町由佐の丘陵地に建つ冠纓神社は「かむろ八幡宮」とも呼ばれ、日本一の大獅子の祭りで親しまれてきた地域の氏神だ。ここで何が起きたのか。

発端は15年ほど前。香南町がまだ高松市と合併する前の２００１年4月、香川郡香南町は、神社境内地に隣接する圃場整備事業の一環として冠纓神社の承諾を得ずに境内地を横断する配水管埋設工事に着手した。冠纓神社は町担当者と話し合いを重ねたが無視されたため、工事中止の仮処分を高松地方裁判所に申請。同地裁は同年10月、神社側の主張を認め、香南町に対して、埋設した配水管を撤去せよと命じた。行政側の大失態だった。

おかしな圃場整備事業

冠纓神社の氏子で、当時は40代だったという地方公務員Aさんは、匿名を条件にこう話した。

「補助金の出る圃場整備は事業認可まで3年ほどかかる。あの設計図面では、田んぼの減歩率をよくするために参道のスペースを使うようになっていた。参道の工事ができれば田んぼの減歩率が少なくなる。だから参道を田んぼへの出入り口にするような、おかしな設計になっていた。こんな町の申請を県や国がよく認めたと思いますよ。それ自体がおかしい」

おかしなことはほかにもある。

「圃場整備事業の町側の担当者は、土地改良区理事長の甥でした。工事を請け負った和泉建設は当時経営が苦しく、同社顧問を務めていた自民党の地元選出県議が事業実現に〝尽力〟したようです。当時は町議選挙もあり、それぞれの欲がこの事業に集約されていた。それで、工事着工まで一気に突っ走ってしまった。とばっちりを受けたのが神社です」

Aさんの言う「自民党の地元選出県議」とは、議長経験もある綾田福雄・香川県議会議員である。神社への「とばっちり」は別の形でも表れた。圃場整備の地権者15戸はいずれも冠纓神社の氏子たちだが、その中に同神社総代で、圃場の区画変更（換地）の責任者がいた。つまり、利害関係者だ。総代は本来、神社の運営管理に協力する立場である。友安宮司が「1000戸の氏子のうち15戸の地権者の利益のために、地域に守られてきた境内地に手をつけさせるわけにはいかない」との姿勢を固持したため、当時の総代会（16人）はこれに反発し、同年12月15日に総辞職してしまう。

無断で「氏子会」結成

冠纓神社と氏子側との溝をさらに深くしたのが、前出の綾田県議が代表となり「冠纓神社氏子会」を発足（06年9月）させたことだ。神社側の承諾もなく氏子会を立ち上げ、「1戸当たり2000円」の「祭り費用納入」を呼びかけた。

安記子さんが経緯を話す。

「当然ながら、私たち神社側は『この団体は神社とは一切無関係』という文書を配布し、香川県神社庁や東京の神社本庁にも地元県議らによる勝手な行動に対して苦情や抗議を申し入れました。しかし、9期連続当選の綾田さんは県政の重鎮。県神社庁に事務局がある神道政治連盟香川県本部の顧問で県議団会長でもあるので、まともに取り合ってくれませんでした」

そこで冠纓神社は新たに選出した責任役員によって神社本庁から離脱することを決定し、その旨を公告する。すると、綾田氏を代表とする「冠纓神社氏子会」は宮司の権限停止を求めて仮処分を申請。しかし高松地裁は07年10月22日、「冠纓神社氏子会」なる組織を正当な団体とは認めないとの判断を出し、綾田氏側が敗訴した。

一方で、神社側が宗教法人管理者の香川県知事（当時・真鍋武紀《まなべたけき》知事）に出した神社本庁離脱のための規則変更申請は認可されなかった。神社側はこれを不服として文部科学大臣（当時・渡海紀三朗大臣）に審査請求したが、第155回宗教法人審議会（08年5月12日）で請求棄却に。この審議会委員には、日本会議副会長の田中恆清・神社本庁総長、日本会議事務総長の打田文博・神道政治連盟幹事長がいたが、「関係者である」としてこの審議から退席している。

結局、神社本庁からの離脱をめぐっては裁判で争われ、離脱を決めた責任役員会の正当性が認められず、11年1月に冠纓神社側の敗訴が確定した。友安盛敬宮司が失意のうちに亡くなったのは、その翌年、12年11月19日のことだ。

宮司代務者具申を無視

宮司死去1週間後の12年11月26日付で、冠纓神社責任役員会は、友安宮司の長女で神職の資格を持つ竹内輝実さん（当時31歳）を「宮司代務者」に任命するよう神社本庁に具申した。ところが、神社本庁からも香川県神社庁からも何の返事もない。神社側はその後も再三にわたり返答を求めたが、結局、3年ほど放置され続けた。

神社本庁側からすれば、神社本庁からの離脱を言い出すような身内からの宮司就任を認めるわけにはいかないということだろう。

3年後の15年9月、香川県神社庁からの「冠纓神社秋季例大祭開催について」と題する文書を受け取った安記子さんは驚いた。

「香川県神社庁の松岡弘泰庁長が冠纓神社の『代表役員宮司を務めております』と書かれていたんです。娘の任命具申を3年近く放置したあげく拒否し、いつの間にか神社が乗っ取られていたんです」

当事者の意思を無視して一方的に奪い取ることを「乗っ取り」と言うが、香川県神社庁はなぜ安記子さんに何の説明も承諾もなしに松岡氏の宮司就任を決めたのか。

宮司就任を決めた会合は14年9月12日に香南町のコミュニティセンターで行なわれていた。

裁判所に認められなかった前述の「冠纓神社氏子会」の副会長だった赤松千寿《ちとし》氏によると、会合には「冠纓神社氏子会」を改称した「冠纓神社見守り会」のメンバーと香川県神社庁から総勢24人が参集。綾田、赤松両氏のほか、元・香南町長で高松市議（自民）の辻正雄、綾田県議の支持者で元町議の田中宏和、香川県神社庁からは庁長・松岡弘泰、同副庁長で神道政治連盟香川県本部長（中央委員）の池田博文、同参事の上里昌史《こうざとまさふみ》の各氏らが参加したという。

この会合に、15年前に辞職したはずの「責任役員」として参加した人に当日の様子を聞くと、次のように答えた。

「センターには行ったが、（宮司就任は）われわれが決めたわけではない。異議はないかと聞かれ、ないと答えた」（Mさん）

安記子さんの質問に次のように答えた「責任役員」もいる。

「すでに（宮司の就任を）神社本庁が決めていて、われわれ下の者はそれに従っただけ」（Kさん）

赤松氏もまた、香南町の連合自治会の会合（15年9月17日）で、次のように述べている。

「昨年（２０１４年）10月24日に、冠纓神社の新しい宮司さんが決まりました。神社本庁の命令によりまして、香川県神社庁長に（冠纓神社の宮司を）しばらく務めなさいとの命令がありました」

町議を長年務め、冠纓神社の総代会長も務めたことがある赤松氏は綾田県議の支援者で、自民党香南支部の顧問。同地区連合自治会長も務める地元の重鎮の一人だ。

赤松氏はこの発言自体は否定していないものの、「神社を正常化するため、上部機関（神社本庁）の指導を仰いでやったもので、厳密に言えば命令ではない」などとする。しかし、神社の宮司就任は人事権のない神社本庁の「指導」や「命令」で決められるものではなく、まして当事者を無視して県議や自治会長ら〃地元有力者〃が集まって決めることではない。

冠纓神社の宮司を決める手順は次のとおりだ。▽「氏子名簿」に登録された氏子から16人の総代を選出▽総代の中から選ばれた5人の責任役員が宮司を具申する（冠纓神社規則第37条および20条）。

安記子さんは言う。

「過去15年間、綾田さんも赤松さんも氏子として神社に維持負担金も納めず、神社に参拝したこともない。もちろん氏子名簿にも登録されていません。辞職当時（２００１年）の総代も責任役員も誰ひとり、氏子の義務である負担金を納めていませんし、神社に足を運んだこともありません」

これが事実なら、松岡氏の宮司就任に疑義が生じる。

「松岡宮司」就任は正当か

香川県神社庁は、松岡庁長の冠纓神社宮司就任について、「なほ在任」している「責任役員」による「適切な手続きで就任」した、と筆者に文書で回答している。が、事実経過を見ると、そう言えるのか。以下は香川県神社庁の事務局長職にある前出の上里参事と筆者とのやりとりの一部である。

――そもそも15年前に辞職した人が正当な「責任役員」かどうかにも疑義があるが、複数の人が松岡氏の宮司就任は「神社本庁が決めて、追認しただけ」という趣旨の発言をしている。

上里　神社本庁が決めたとは言っていない。言った、言わないになるのでしょうが。

――複数が証言している以上、そう受け取られる発言があったのでしょう。それに、責任役員の数より地元有力者が多く参加している会議は、正当な責任役員会と言えるのでしょうか。

上里　指摘は受け止めるが、外部の人はあまり発言していないし影響もないと思う。

――有力者がいれば当然影響はある。神社規則に反する決め方ではないか。

上里　神社を正常化するために講じたことなのでご理解を……。

香川県が文書開示した冠纓神社の役員名簿を見ると、「代表役員　松岡弘泰」との記載があるだけで、責任役員は不在だった。そもそも宗教法人法第25条は、役員名簿や責任役員会の議事録などを神社に備え付けておくことを義務づけているが、それもなおざりにされているのだろうか。

安記子さんは現在、冠纓神社に一人で居住し、祭祀の管理・運営をしている。「宮司」の松岡氏は車で40分ほどのさぬき市に住み、「宮司就任」以後に冠纓神社を訪れたことはないという。

〝村八分〟状態に

全国には8万社あまりの神社があるが、時代の変遷とともに氏子との関係は希薄になり、賽銭や祈禱料、御守りの販売などの収入だけで維持管理していける神社は数百程度しかないと言われる。多くの宮司が神社を複数掛け持ちするか副業を持って運営している。

冠纓神社の場合、かつては地域の氏子1000戸から1戸当たり年間7000円の奉納金（維持管理、運営費）が出ていたが、冒頭で紹介した圃場整備事業をめぐる対立でストップし、以後、〝村八分状態〟にされているという。安記子さんは最後にこう話した。

「奉納金も神事への協力もストップし、自治会から除籍され回覧板も回ってこない。（収入源である）伊勢神宮のお札（神宮大麻）の頒布もありません。神社庁の参事からはここから出て行けと口頭で言われました。前例のない異常事態を、神社関係者のみならず多くの方々に知っていただきたい」

これが、神道政治連盟と一体化する香川県神社庁や地元有力者らが口にする「正常化」なのか。

（『週刊金曜日』2016年2月5日号、2月12日号、4月29日号掲載記事を再構成しました）

明治時代の天皇崇拝は神道の長い歴史では特殊

清州山王宮日吉神社宮司

三輪隆裕インタビュー

みわ　たかひろ／1948年、愛知県生まれ。愛知県清州山王宮日吉神社宮司。神職三輪家56代。名古屋大学文学部卒業。至学館大学研究員

日本会議は、「伝統」こそがあらゆる価値の中心と見なす。改憲も、「現行憲法は日本の伝統に合わない」からと言う。だがその「伝統」とは、神道では異端、明治時代につくられた国家神道なのだ。

——日本会議は、「皇室と国民の強い絆」は「千古の昔から変わることはありません」と主張し、これが「伝統」だと強調しています。日本会議と密接な神社本庁もそうですが、天皇の価値を強調し、「国民統合の中心」に置こうとするのは、こうした「伝統」があるから、という論理なのですが。

いや、それは「伝統」でも何でもありません。江戸時代にはごく一部の知識階級を除き、「京都に天皇様がおられる」ということを庶民が知っていたか、はなはだ疑問です。明治時代になり、欧米の近代文明を取り入れる必要ができ、キリスト教も合わせて受容しなければならないので、国民精神の統合と、中央集権制の確立のために、天皇を親とし、国民を子どもとして、家族のようなまとまりのよい国ということを社会のエートスとしようとしたのです。本来神社とは地域の平和と繁栄を祈るためのもので、この日吉神社でいえば、江戸時代は氏子の地域と尾張国の繁栄を神様に祈願していました。明治になって、中央集権的な日本という国家ができたので、その統一の象徴として「天皇」を機能させようとしたのです。

——「天皇のために死んだ」とされる人々だけを祀る靖国神社は、「伝統」でしょうか。

西欧的な一神教では「神と悪魔」がいて、敵と味方を峻別します。しかし多神教の神道は、もともとそうしたことをしません。特に古代から日本では御霊会が行なわれており、非業の死を遂げた人々の霊を手厚く弔う習慣がありました。しかし、西欧文明を受容し、富国強兵を目指した当時の日本は、国のために死んだ人々を神々として祀り、戦死を美徳とする必要があったのです。特に戊辰戦争で戦った幕府方の人々は靖国に祀られることはなかった。しかし、彼らだって「国のために戦った」と思っているはずです。

――なぜ神道にとって伝統でないものが、「伝統」とされたのですか。

そのポイントは、明治という時代にあります。江戸時代からの神官たちは、明治になって、社領を政府に取り上げられ、一部を除き、廃業してしまいました。そして神社は、土地も建物も国有化され、宗教から外されていったのです。古くからの神官たちに代わって新しく神官となった人々にとっては、明治が最初の時代で、彼らは準国家公務員ですから、明治は栄光の時代でした。だから、明治が出発点となったのです。ところで、薩摩藩と長州藩は幕末に最初「尊皇」「攘夷」を唱えましたが、実際に外国と一戦を交えて、とてもかなわないことがわかった。そこで新政府を作ったあと、当面は開国して海外から社会システムや技術、特に軍事技術を取り入れ、国を強大にして、いつか「攘夷」をやろうと思ったのです。そのとどのつまりが、「大東亜戦争」であったとも言えます。結局、負けましたが。

国家神道は伝統に非ず

——しかし明治時代に強くなったのだから、日本会議のような右派は「栄光の明治」と呼んでいます。

たまたま日清・日露戦争で勝てたからで、「栄光」なんてものではありません。私に言わせれば、明治政府は文化と宗教の破壊者ですよ。彼らは開国した以上、それまで禁教だったキリスト教の布教を認めざるを得ませんでした。一方で、日本がキリスト教国家になっては困るので、防波堤になるものを考えた。そこで、神道を宗教から外して、国民の精神を昂揚させるための施設とし、神社から宗教色を抜くために、仏教的な色彩を取り除こうとしたのです。これが文化破壊です。

——明治維新後の廃仏毀釈ですね。

そこで明治政府が考えた対応策が、「神社は宗教ではない。国家の儀式をつかさどる機関である」という、「国家の宗祀」理論です。宗教ではなく国家の儀礼だから国民に強制でき、同時にキリスト教に対抗できる西欧の「市民宗教」的な機能を神道に持たせようと考えた。そこでは神社は国営化され、建物も敷地も国家のものになりました。神社を管理するのは内務省、宗教を管理するのは文部省と区分された。そして「宗教ではない」からと、神社の宗教行為まで禁止したのです。儀式だけやれと。布教したらダメで、それに代わって国家が国民の教化として作ったのが、「教育勅語」だったのです。しかしこのように一つの価値観と規律で国民をしばる、などという発想は、多神教の神道にはありません。

——そうすると、国家神道は、神道の歴史ではきわめて特殊だと。

それが、今の神社本庁には理解できないのですね。戦後、占領軍の「神道指令」で国家神道は解体されました。その後、神社は生き残るために宗教法人・神社本庁として再出発しますが、当時の神道界のリーダーは、ほとんど明治時代に神主になった人だったため、それ以前の本来の神道ではなく、明治政府が作った神道が「伝統」だと思ってしまった。その感覚が、戦後70年経ってもまだ残っているのです。

——だから今日も、過度に「天皇の価値」を強調するのでしょうか。

天皇は国民を思い、国民は天皇を敬愛し、大切にするという、天皇を頂点とした一種の家族主義的国家観、「国体」観が明治以降、国民の意識に植え付けられましたからね。しかし、家族主義というのは、せいぜい通用するのは家庭内とか友人関係、つまり「顔」の見える範囲の社会です。それを国家のような巨大な社会まで拡大したら、危険ですよ。なぜなら近代の民主主義の前提は、「人間を信用しない」ということです。だから人々が契約を結び、違反したら法で裁かれる。法治社会です。どんなに素晴らしい政治家でも、常に人々にチェックされます。しかし、親子関係は、契約で結ばれていますか。違うでしょう。家族主義を国家まで拡大すると権威主義や全体主義となります。「良いリーダーの元に素直な人々が結集して良い社会を作る」これが一番危険です。戦前のファシズム、あるいは共産主義もそうです。カルト宗教なんかも同じです。今のイスラム原理主義もそうです。民族派の人たちが主張するような社会になったら、また昔の全体主義に逆戻りしますよ。

神社の改憲署名に違和感

――そうした「国体」観を破壊した占領軍はけしからん。その占領軍が作ったのだから、現行憲法も改憲しろ、というのが日本会議と神社本庁です。今年の正月には多くの神社で、日本会議系の「美しい日本の憲法をつくる国民の会」の改憲署名用紙が置かれていました。

人々は神社にお参りに来たのであって、改憲署名には違和感を覚えたのではないですか。しかし、そんなことをやっている神社の宮司に、「あなたは本当にこれが正しいと思って行なっているのですか」と直接聞いてごらんなさい。ほとんどの場合、「いや、私にはよくわかりませんが、本庁から書類が来ているので」という回答が返ってくるはずです。主体的にやっている宮司なんて、どのくらいいるのか。

――まったく、意外ですね。

それが、全体主義の怖さなのです。個々人が自分の頭で考えず、「組織から言われたから」と引きずられる。主体性がない。戦前と、同じパターンではないですか。自分の意見を言わない。日本会議の地方組織の役員に神職が就任している例も多いですが、同じです。本庁や、神道政治連盟から「こういう役に就いて」と言われてやっている人が大半でしょう。神職になるには普通、國學院大学か皇學館大学を卒業するのですが、幅広い知識を批判的に学んだり、個人主義を育むような教育は行なわれていないと思います。逆に、入学当初から、「明治は素晴らしかった」みたいな、妙な刷り込みをやられてしまっています。

——個人的には、改憲をどう考えておられますか。

この世に、「不磨の大典」はありません。時代に合わせて改憲をするのは良いことです。しかし、方向性が問題です。現在の世界で、人類社会の基本的価値として認められている、民主主義、基本的人権、自由で平等な社会、経済の市場システムといったものをより強く育んでいけるような憲法なら変えても良い。しかし、日本の独自性とか、妙な伝統とかいったものを振りかざして、現代の人類社会が到達した価値を捨ててしまう可能性があるような憲法なら、変えないほうが良い。日本会議の改憲の方向は、世界が向かっているのとまったく逆なのです。世界の共通価値と離れ、時代錯誤の原理主義と権威主義に満ちている。私は、自身のブログで詳細に論じています。また、基本的人権や民主主義といった価値観が完全に根付いているとは言いがたい現在の日本社会で、まともな憲法が作れるのか、甚だ疑問ですね。

――三輪さんのような考えは、神社界では異端なのですか。

私自身、右でも左でもないリベラリストだと思っていて、似たような考えの人は他にもいますよ。ただ、発言するのは珍しいかな。

聞き手・まとめ／成澤宗男

（『週刊金曜日』２０１６年5月27日号掲載記事に加筆しました）

第3章

日本会議の思想

日本会議のターゲットの一つは憲法24条の改悪

日本会議が力を入れる運動のテーマとして家族やジェンダーが挙げられる。彼ら彼女らが改悪したいのは憲法9条だけではなく、憲法24条もその対象だ。

山口智美
やまぐち　ともみ
米国モンタナ州立大学
社会学・人類学部教員

1997年に設立された、日本最大の右派運動体である日本会議。その前身時代から現在に至るまで、家族やジェンダー、教育などのテーマは、常に運動の中心課題だった。日本会議の構成団体には、神社本庁をはじめ数多くの右派系宗教団体や、モラロジー、倫理研究所のような倫理修養団体などが入っている。あまりに多様な団体を抱えた巨大団体であるため、日本会議は世の中に向けて新たな問題を提起して、迅速に行動するというタイプの運動には向いていない。むしろ、どの構成団体でもある程度同意できる課題について、その組織力、動員力を生かした大規模署名や、地方議会への意見書提出、大規模集会の開催などの運動を得意としている。こうした日本会議の構成団体の多くは「家族の絆」への価値観、特に先祖から子孫までの縦の家族関係を重要とする共通の価値観を持っていることもあり、日本会議にとって家族やジェンダーは大きな課題であり続けた。

さらに、日本会議の事務局の中心を担ってきた日本協議会・日本青年協議会は、生長の家の創始者の谷口雅春の教えの影響を受けてきた。谷口雅春時代の生長の家は「生長の家政治連合」を結成して政治活動に関わる中で、憲法と優生保護法の「改正」を二大悲願としてきた。優生保護法「改正」とは、中絶許可条件の中から経済的理由を削除するということで、女性の性と生殖に関する権利（リプロダクティブ・ヘルス／ライツ）の保障とは明らかに逆行する動きだ。この運動を1972年、1982年と二度にわたって生長の家政治連合はリードした。

90年代以降は、90年代はじめ以降の日本軍「慰安婦」問題の否定、90年代中盤からの選択的夫婦別姓制度への反対、2000年代はじめからの男女共同参画批判、2006年の教育基本法「改正」を受けての家庭教育の推進、そして、自民党や右派の改憲案における家族保護条項の追加に至るまで、ジェンダーやセクシュアリティ、家族や教育をめぐる問題は日本会議の運動にとって常に中心だったと言えるだろう。本稿では特に90年代以降、設立の頃から現在に至る、日本会議の家族やジェンダーをめぐる運動を見ていきたい。「女子ども」の問題として、保守の中でも、またマスメディアにおいても軽視されがちなこれらの問題は、日本会議が掲げてきたコアな課題であり続けた。そして、1970年代からそうした動きに対抗し続けてきたのは、ウーマンリブやフェミニズム運動だった。

選択的夫婦別姓制度導入への反対運動

日本会議にとって、設立時から現在に続く最大のテーマの一つが、選択的夫婦別姓制度導入への反対運動だ。私の手持ちの日本会議の案内リーフレットにも、主な「国民運動」の一つとして「夫婦別姓に反対する運動」が挙げられている。

日本会議のサイトには、日本会議の前身の一つ、「日本を守る会」が1974年に結成されて以降の主な運動が年表形式で列挙されている。ここに初めて夫婦別姓反対運動が登場するのが、1995年12月の、「家族の絆を守り夫婦別姓に反対する国民委員会」（渡部昇一代表ら）設立だ。夫婦別姓をめぐっては、1995年9月、法制審議会の民法部会の中間報告が発表され、翌1996年2月、夫婦別姓の法制審議会の答申という動きがあった。この流れに日本会議の前身の運動が対抗した、ということになる。年表によれば、1996年には「橋本首相に夫婦別姓反対と靖国神社参拝を要望」（5月）、「夫婦別姓に反対する地方議会決議相次ぐ（281議会）」（9月）、「夫婦別姓に反対する署名100万名を突破」（12月）など、矢継ぎ早に夫婦別姓反対運動を展開。1997年3月には、日本会議系知識人の長谷川三千子、市田ひろみ、高橋史朗、木村治美の共著で『ちょっとまって！ 夫婦別姓』（日本教育新聞社）という書籍が発行された。さらに１９９７年5月には、夫婦別姓反対の国会陳情活動も行なっている。このように、大規模集会の開催、ロビイング、地方議会での決議、大規模署名など、元号法制定運動を始めとした、過去の運動において成功してきた方法を踏襲して、夫婦別姓反対運動を進めていた。その真っ最中の１９９７年5月、日本会議が結成された。

その後も、夫婦別姓導入への危機感が高まるたびに、日本会議や、２００１年に設立された日本会議の女性部である「日本女性の会」などは、積極的に反対運動を展開した。特に２００９年9月、民主党政権が発足し、夫婦別姓を推進してきた千葉景子が法務大臣に、福島瑞穂が男女共同参画・少子化担当大臣に就任し、法務省が民法改正案の概要を提示するなど、民法改正の動きが浮上してきた。そうした動きに対抗して、２０１０年に日本会議は国会議員らへのロビイング、５００万署名運動、15の都道府県や４００を超える市町村議会での決議などを含む、夫婦別姓反対運動を展開。「夫婦別姓に反対し家族の絆を守る国民大会」と題された大規模集会も開催し、結果として閣議決定、法案上程を阻止した。

法制審議会の答申や、その後の度重なる国連女性差別撤廃委員会の勧告にもかかわらず、別姓法案は現在に至るまで政府案として上程されていない。こうした事態への日本会議の別姓反対運動の影響は大きかったろう。

このように選択的夫婦別姓制度への日本会議系運動の興味・関心は非常に高く、最優先項目の一つだったことは疑いがない。だが、不思議なことに、もう一つの民法改正の取り組みだった、婚外子の相続差別問題については、日本会議や関連運動はほとんど目立つ反対運動を展開してこなかった。２０１３年、最高裁で婚外子の相続差別規定についての違憲判決が出る頃に初めて、右派系論壇誌などで反対の論調が登場してきたくらいだった。「なぜ選択的夫婦別姓にそんなに興味があるのですか?」と、右派関係者数人に聞いたこともあったが、返ってきた答えは「問題がわかりやすいから」「人々を説得しやすい身近な問題だったから」。だが、違憲判決後には、婚外子の相続差別の撤廃は「結婚制度を根本から揺るがすもの」だとして、頻繁に批判されるようになった。

２０１５年12月、最高裁で夫婦同姓が強制である現行民法について「合憲」であるという判決が出た。この判決に関して、日本会議や安倍政権とも近い保守系シンクタンク「日本政策研究センター」の機関誌『明日への選択』で、同センター研究員の小坂実は、「家族の呼称」と「子の利益」を認定し、「嫡出子であることを示す」ことを婚姻の重要な効果としたと高く評価している(小坂実「夫婦別姓裁判　最高裁『合憲』判決の教訓と課題」『明日への選択』２０１６年１月号)。だが同時に小坂は、別姓推進派は「事実上の家族解体をめざしている」のだとし、危機感を煽っている。そして、「5人の裁判官が夫婦同姓制度を『違憲』と判断したこと」に言及し、そうした事態を防ぐためには家族に関する法整備が必要であると主張。具体的には、憲法に「家族」の位置付けや保護について明記することが不可欠であるとともに、「家族基本法を制定して家族再生に全力で取り組み、家族の崩壊を食い止めることも重要な課題」であるとする。こうした論調からは、日本会議や関連運動にとっての、夫婦別姓問題と、後述する家庭教育や、憲法24条をめぐる動きとのつながりが見える。

男女共同参画・ジェンダーフリーバッシング

夫婦別姓反対運動の素地がすでにある中で、２０００年代初めからは、日本会議や関連運動は、男女共同参画やフェミニズムへの批判を展開し、「バックラッシュ」（反動）を推し進めていった。

１９９９年、国会において全会一致で男女共同参画社会基本法が制定された。これに対して、一部の右派、たとえば日本政策研究センターは機関誌に反対の論調の記事を出したりしているが、基本法への反対運動は広げきれなかった。当時、国会では周辺事態法など重要法案の審議が目白押しだったこともあり、基本法への右派の注目度は弱かったのだ。また、地域レベルでは「新しい歴史教科書をつくる会」が初めての教科書採択運動を展開していた時期にあたり、忙殺されていたという背景事情もあった。

だが、基本法可決後、地方における男女共同参画条例づくりの動きが本格化してくると、日本会議や関連する右派運動は反対運動を起こしていった。男女共同参画とは伝統的な家族を崩壊させ、性差を完全に否定し、人間をカタツムリ化させる「ジェンダーフリー」思想の反映であり、フェミニストの陰謀であるなどといった、一見荒唐無稽な論を展開。男女混合名簿などのジェンダー平等に関わる教育実践や性教育、男女共同参画センターの講座や蔵書、フェミニストの講演なども「過激」であるとして、批判の矛先を向けていった。私は最初はこうした動きに追跡する中で、日本会議の存在を知り、調査研究を行なうことになった。私が調査した山口県宇部市や千葉県では、男女共同参画に反対しつつ、日本会議系の保守にとって「良識的」な、専業主婦や性別役割を評価する趣旨の条例をつくる動きを、日本会議構成団体である新生佛教教団系列の新聞社である日本時事評論社や、日本会議の運動家、自民党議員らが連携して運動を進めていった。

前述したとおり、男女共同参画やジェンダーフリーへの反対運動の真っ最中の２００１年９月、日本会議の女性部である「日本女性の会」が設立された。発足記念大会のテーマは「家族の絆と女性の役割」。その後も、高橋史朗、林道義、櫻井よしこ、山谷えり子ら、バックラッシュの中心を担った学者や政治家らが講師を務め、「家族の絆」を強調し、男女共同参画を批判する内容の集会を開催している。日本会議の機関誌『日本の息吹』上で反男女共同参画をテーマとする記事が初めて掲載されたのも、２００１年10月（総山孝雄「ジェンダーフリーによる亡国を防ごう」）。さらに、２００５年３月には日本会議首都圏地方議員懇談会が設立され、日本会議系の地方議員の動きが活発化するが、同会の目標の中にも「ジェンダーフリー教育反対」が含まれていた。

こうした動きは、中央の保守論壇や中央政界でも起きており、林道義、高橋史朗、長谷川三千子、西尾幹二、八木秀次などの論者は『諸君!』や『正論』などの保守論壇誌や書籍などで男女共同参画やジェンダーフリー批判の論文を多数発表していた。山谷えり子議員は度々、国会質問でジェンダーフリー、性教育批判を展開。２００５年３月には、安倍晋三座長、山谷えり子事務局長のもとで「自民党過激な性教育・ジェンダーフリー教育実態調査プロジェクトチーム」が設立された。結果として、２００５年12月に決定された第二次男女共同参画基本計画は、「ジェンダーフリー」という言葉を国としては使わないことが明記されるなど、右派にとって「歯止め」と捉えられるものになった。こうした一連の展開の中で、日本会議や関連団体の果たした役割は大きかった。

改正教育基本法と家庭教育

２００６年９月に安倍政権が誕生。男女共同参画へのバックラッシュが沈静化する中で、日本会議や日本女性の会、日本会議首都圏地方議員懇談会などは、教育基本法の改正運動に力を注いでいくことになる。

２００６年12月に改正教育基本法が成立した。２０１６年５月28日に開催された全国教育問題協議会の大会を私は見に行ったのだが、そこで小林正元参議院議員は、教育基本法改正に取り組んだ際、①愛国心、②家庭教育、③宗教的情操の寛容――の３点に特に焦点を当てたと述べた。すなわち、日本会議などの保守運動にとっては、愛国心のみならず、「家庭教育」が非常に重要な柱の一つだったのだ。さらに小林は、家庭教育についてだけは納得できる結果になったとも語った。

実際のところ、改正後の教育基本法第10条に「家庭教育」が組み込まれたことの影響は大きい。これをベースとして、民間では高橋史朗らにより、「親学」運動が広げられていった。自治体では家庭教育関係の取り組みが行なわれるようになり、パンフレットが制作され、啓発事業も展開されるようになった。さらに２０１２年12月に制定された熊本県の家庭教育支援条例を皮切りに、都道府県、市町村などでの家庭教育支援条例の制定が相次いでいる。条例のみならず、たとえば八木秀次や、日本政策研究センターは「家族基本法」の制定を目指すべきという主張を打ち出している。

改正教育基本法が成立した後、２００７年４月には、日本会議首都圏地方議員懇談会のネットワークが基盤となって、「家族の絆を守る会ＦＡＶＳ」が結成された。設立時の事務局は日本会議内に置かれていた。ＦＡＶＳはその設立趣意書で、社会や国家にとって家族の存在が重要であり、家庭における子育てや介護、家庭教育支援の推進を掲げていた。さらにＦＡＶＳは、中絶反対や家族の価値を主張する世界の保守団体が所属する「世界家族会議」に参加し、国連会議へのＮＧＯとしての参加などの活動も行なうようになった。ここ数年盛んになっている「慰安婦」問題などの歴史認識問題に関連して、日本の右派団体が国連の場に進出しているが、その先鞭をつけたという意味でもＦＡＶＳの役割は大きい。

2007年9月、安倍首相は退陣した。その直後の同年10月、全国組織として、日本会議地方議員連盟が発足。同連盟は、改憲や教育改革、教科書問題などに加え、「青少年の健全育成や、ジェンダーフリー思想から家族の絆を守る運動」の推進を目標の一つに据えながら、現在も活動を続けている。

改憲運動と家族保護条項へのこだわり

2012年末、安倍晋三は首相に復帰して早々に、経済成長戦略としての「女性の活躍」を提唱した。2014年9月には内閣改造が行なわれ、過去最多タイの5人の女性閣僚が誕生した。だが、その内訳は、バックラッシュのリーダー的役割を果たした、山谷えり子、高市早苗といった政治家たちだった。新設の女性活躍担当大臣には、日本会議を支持基盤とする有村治子が就任。また、第二次安倍政権が始まるとともに、男女共同参画会議には高橋史朗、教育再生会議には八木秀次、NHK経営委員に長谷川三千子といったバックラッシュのリーダーだった日本会議系の人たちが表舞台に再登場した。

そして改憲議論も本格化した。右派団体は、憲法をテーマにした集会や勉強会をより積極的に開くようになり、そうした会合に行くと、安倍が政権を取っている間に何としてでも改正を、という言葉を聞くようになった。そして、日本会議は同年10月、「美しい日本の憲法をつくる国民の会」を設立し、改憲に向けて大規模な1000万人署名運動を開始した。共同代表は櫻井よしこ、田久保忠衛（杏林大学客員教授）、三好達（当時、日本会議会長）だが、会の広報役として打ち出されているのは女性の櫻井よしこだ。

改憲運動の中心的役割を担っているのが、日本女性の会である。全国各地で、現在「憲法おしゃべりカフェ」や「なでしこカフェ」などと題する学習会を開催。その模様は、毎月、日本会議の機関誌『日本の息吹』で報告されている。そして、これらの学習会でテキストとして使われているのが、百地章監修『女子の集まる憲法おしゃべりカフェ』（明成社）だ。明成社の諌山仁美によれば、女性に憲法を改正する意義が伝わっていないことから本書が企画されたのだという（『おしゃべりカフェ』で憲法改正の女性の輪を広げよう」『祖国と青年』2015年4月号）。2014年にブックレット版が、そして翌2015年にはマンガ版も発売され、Youtubeに動画もアップされた。

日本会議や関連団体の集会などでは、『女子の集まる憲法おしゃべりカフェ』が積極的に販売されている。また、改憲運動のためのグッズとして販売されているのが「かえるん♪エコバッグ」であることからも、女性を主要なターゲットとして運動を展開していることが見て取れる。これは、改憲の国民投票での女性票の確保を狙った動きでもある。

このような改憲運動における女性たちの活動は見逃せない。櫻井よしこや長谷川三千子らの女性言論人に加え、現在、「憲法おしゃべりカフェ」で縦横無尽の活躍ぶりを見せているのが、高原朗子熊本大学教授。さらに、地方支部レベルの活動においても、構成団体となっているさまざまな宗教団体や倫理修養団体の末端で草の根の活動をする女性たちの役割も見逃せない。

美しい日本の憲法をつくる国民の会は、映画『世界は変わった　日本の憲法は？』（制作総指揮・百田尚樹、監修・櫻井よしこ、百地章）を2016年に入ってリリースし、現在、この映画の上映運動を展開している。この映画や、先述の『女子の集まる憲法おしゃべりカフェ』、さらには日本会議系の集会やパンフレットなどで、常に優先すべき改憲項目として語られるのが、①緊急事態条項の新設、②憲法24条への家族保護条項の追加、③9条2項の「改正」——の3点だ。改憲の優先事項として、常に「家族保護条項」が言及されているのは注目すべきだろう。9条改悪への危機感はメディアや左派の市民運動の中でもある程度共有されており、最近は緊急事態条項への言及も増えてきた。だが、24条に関しては表立った形では報道が少なく、注目度も低い。しかし、ずっと家族やジェンダーをめぐる問題を重視し続けてきた日本会議にとって、24条は紛れもなく改憲の最優先項目であり、私が行った日本会議系の集会などでも必ず強調されていた。

上記の映画『世界は変わった　日本の憲法は？』では、監修を務める百地章自らが家族条項に関する部分にのみ登場し、理想の家族として三世代同居のサザエさんを挙げつつ、現在の日本では一人世帯が増え家族の基盤が緩み、虐待が起き、親族同士の殺人が多いなどの問題が起きており、その原因として憲法があるのではないかと解説する。また、現行憲法では「個人の尊厳と、両性の本質的平等に基づく夫婦関係のみが基準」とされていることを批判し、「憲法24条のいう個人の尊厳を徹底していけば、家族の解体に行き着くと指摘」する憲法学者さえいるのだと説明する。百地によれば、右派が尊重すべき「伝統的な家族観」とは、「先祖からつながる家族、すなわち、祖父母、父母、子、孫と続く家族」、「縦の関係」を尊重するものなのだという。そして家庭教育の場、介護を支える場としての「家族」が強調される。

こうして提示されるのは、人々が結婚し、子どもを産み育てることが前提となっている「家族」像であり、家庭で育児や介護を担う役割として主に想定されているのは女性であろう。安倍政権の「一億総活躍社会」政策における「三世代同居」推進などの施策と、日本会議が主張する「縦の関係」としての家族という主張はつながっている。それに加えて、安倍政権下での少子化対策として提案されてきた施策には、たとえば「女性手帳」の配布や、文部科学省が高校生向けに配布した副教材で「妊娠しやすい年齢」グラフが誤っていたこと、さらには自民、公明などの議員による議員立法案として提出された「女性の健康の包括的支援法案」などがあるが、女性が「産む」ことばかりが強調され、産まない、産めない女性たちへの視座、女性のリプロダクティブ・ヘルス／ライツの視点が明らかに抜け落ちている。

こうした自民党改憲案や、安倍政権の施策に表れる「家族」像は、今まで日本会議や日本女性の会、FAVSなどが主張してきた「家族の絆」路線に合致しており、多様な家族のあり方や女性の生き方を認めるものではない。安倍政権が「女性の活躍」を推進し、LGBT基本法案をまとめようとしたところで、安倍首相の支持基盤である日本会議の持つ、家族やジェンダー、セクシュアリティ観が反映されている状況では限界が大きく、差別は温存され、女性はより分断されていくのではないか。憲法に家族保護条項が入り、「家族基本法」が導入されたりした暁には、女性たちがずっと積み重ねてきたジェンダー平等への取り組みも無になり、さらには逆行していくことだろう。

ジェンダーや家族をめぐる問題にこだわり続けた日本会議にとって、憲法24条の改悪は現在、最大の優先課題であり、そのために率先して保守女性たちが動き、ネットワークを広げようとしている現状にある。日本会議は歴史的にも、また現在、今後の動きに関しても、ジェンダーをめぐる課題を考慮に入れずしては語れない運動なのだ。

（文中一部敬称略）

幼稚な陰謀論と歴史修正主義

日本会議の代表的な論客の一人、高橋史朗氏。戦後になって戦争を反省したのは、「占領軍の洗脳」のためだという。こんな「理論家」が幅を利かせているのが日本会議なのだ。

能川元一
のがわ　もとかず
大学非常勤講師

「ウォー・ギルト・インフォメーション・プログラム」（以下、ＷＧＩＰと表記）という用語を、ご存知だろうか。評論家の故・江藤淳氏によって保守・右派論壇に導入されたもので、「戦争についての罪悪感を日本人の心に植えつけるための宣伝計画」（江藤『閉された言語空間』文春文庫）を意味するという。

具体的には、占領期にＧＨＱ（連合国軍総司令部）が行なった検閲や、ＮＨＫラジオ番組「眞相はかうだ」に代表される、一連のプロパガンダ事業を指している。現在もこのＷＧＩＰについて熱心に語っている右派論壇人の一人が、明星大学の高橋史朗特別教授だ。日本会議の代表的なイデオローグの一人であり、育鵬社の右翼的な中学校用公民・歴史教科書を実質的に支えている一般財団法人「日本教育再生機構」の理事でもある。

２０１４年に高橋氏が刊行した『日本が二度と立ち上がれないようにアメリカが占領期に行ったこと』（致知出版社）の第3章によれば、ＷＧＩＰ政策を遂行した民間情報教育局（ＣＩＥ）の主要任務は、日本人の「内部からの自己崩壊」「精神的武装解除」であったとされる。今日の日本が「自虐的にすべて日本が悪かったのだと謝罪をくり返すようになって」いるのは、このＷＧＩＰの「成果」だ、というのである。

東京裁判やその報道、検閲などを通じ、ＧＨＱが日本の侵略戦争や戦争犯罪についての認識を当時の日本人に持たせようとしたことは、事実である。有名なところでは、１９４５年12月15日に出された「神道指令」により、国家と神道が分離され、「大東亜戦争」など国家神道、軍国主義と密接に結びついた用語の公文書での使用が禁じられた。

また、同時期にＣＩＥは全国紙のすべてに「太平洋戦争史──真実なき軍国日本の崩壊」という記事を掲載させ、同趣旨の内容のラジオ番組「眞相はかうだ」をNHKで放送させた。満州事変以降の日本の戦争を侵略戦争とするとともに、責任をもっぱら軍部に負わせるという、東京裁判とも共通する歴史認識を日本国民に提示し、検閲制度とあわせ「太平洋戦争」という用語の定着を図ったのである。

高橋氏らのWGIP論が史実にそぐわない陰謀論となっているのは、第一に「洗脳」の効果を極度に過大評価し、GHQの占領の終了以降も日本人を呪縛し続けたという、心理学的に無理のある主張をしているからである。

すべてはWGIPのせいか

前述の『閉された言語空間』に対する一橋大学の吉田裕教授の「アメリカ側の提示した価値観をうけいれるだけの歴史的土壌が日本側にもあったことが、完全に無視されている」(『日本人の戦争観』岩波現代文庫)との批判は、高橋氏の議論にもそのままあてはまる。加害責任の認識より「戦争はもうこりごり」という意識が支配的だったにせよ、アジア・太平洋戦争を批判的に捉える自発的な契機は、日本の庶民の間にもあった。

WGIP論を陰謀論とする第二の理由は、高橋氏らがWGIPの目的を日本人に「自虐意識を植え付け」ることだと理解している点にある。アメリカ側から見れば「侵略戦争」や「戦争犯罪」は事実に即した認識なのであるから、日本人がそうした認識を持つことが「自虐」であるはずがない。高橋氏らがアジア・太平洋戦争の侵略性を否認し、南京大虐殺に代表される日本軍の戦争犯罪を否認しているからこそ、「侵略戦争だった」「南京大虐殺は事実だった」という認識は、一方的に「自虐意識」だと映るのである。

この意味でWGIP論は、日本会議や右派の南京大虐殺否定論や日本軍「慰安婦」問題否認論といった個々の歴史修正主義的主張を包括する、メタ理論（注＝一理論の、さらに上位の理論）の役割を果たしている。歴史認識に関する右派の攻勢に日本社会がまだ完全に屈するに至っていないことも、また国際社会において日本の右派の歴史認識がほとんど受けいれられないことも、すべてWGIPが原因だとされる。

高橋氏の最新著『「日本を解体する」戦争プロパガンダの現在』（宝島社）は冒頭、「戦後70年の節目が過ぎた今日も、いまだ戦後の占領政策が日本を支配している」とし、「そこに付け入り、中韓が露骨な反日プロパガンダを仕掛けてきている」とする。つまり、WGIPを起点とする「歴史戦争」が70年間続いている、というのが高橋氏の戦後史認識なのだ。

何しろ日本の戦争責任を追及する動きをすべてWGIPに根ざした「反日キャンペーン」のせいにしてしまうのだから、高橋氏の歴史認識は主観的には無敵となる。自らの主張が国際社会から（あるいは「左翼」から）否定されればされるほど、WGIPの「呪縛」という決まり文句が、効果を発揮するのである。

対米追随だからできる「反米」

高橋氏のWGIP論の特徴は、それがアジア・太平洋戦争についての歴史認識のみならず、占領下での改革全般、特に「個人の尊厳」に立脚した家族政策の否定に結びつけられていることだ。「日本国憲法を神聖視し、批判をタブー視する傾向のルーツ」がやはりＷＧＩＰにある、というのである（前掲の最新著第5章）。

日本会議の出版物や公式サイトなどにおいて披瀝されている戦争理解、戦後史認識は、ＷＧＩＰについての高橋氏の主張こそ前面に出ていないが、その大筋は高橋氏のそれと一致している。アジア・太平洋戦争を侵略戦争だとする戦争理解を「東京裁判史観」と呼び、そこからの脱却を主張したり、教育勅語の否定や「押し付け憲法」が戦後の「教育荒廃」「家族破壊」の元凶である――とする点などに、そのことはよく現れている。

ＷＧＩＰ論に依拠した戦後史理解は、強い「反米」色を帯びている。日本の占領統治を主導したのが米国である以上、必然的なことだ。親米／反米の対立は戦後の保守・右派論壇においてくすぶり続けている火種で、２０００年代のはじめに小林よしのり氏らが、親米派を「ポチ・保守」と批判したことで顕在化したこともある。

だが論壇内でのいさかいならともかく、現実の政治においては、対米追随によって米国の「同盟国」としての地位を確保することが、保守派にとって動かしがたい既定路線となっているのが実情だ。そもそも、大日本帝国の戦争を美化し、その戦争犯罪を否認するような政治団体が公然と存在しているのは、戦後、戦争責任追及が中途半端に終わり、日本が冷戦下で米国の忠実な同盟国として対米追随を選択したから可能だった。日本会議や高橋氏が、米国の許容範囲を逸脱した「反米」路線を追求したら、現在のような影響力はなかっただろう。

イデオロギー面で日本会議ときわめて近い安倍首相が「侵略の定義は定まっていない」という趣旨

の発言をする一方で、正面からアジア・太平洋戦争を「侵略戦争ではなかった」と公言できなかったことも、右派の歴史認識に関する主張の限界を如実に示している。

「反米」的歴史認識は、対米従属が可能にしている。右派は、米国が日本の反動的動きを制止するつもりはないのもそのためだと、心得ておかねばならないだろう。

（『週刊金曜日』２０１６年５月27日号掲載）

左翼との闘いが日本会議の核をつくった

元「一水会」顧問
鈴木邦男
インタビュー

すずき　くにお／1943年生まれ。「一水会」元顧問。学生時代から右翼・民族派運動に関わる。新聞社勤務を経て、1972年に「一水会」を結成する。1999年までは代表、同年、顧問となるが、2015年に顧問から退く。著書に『新右翼〈最終章〉新改訂増補版』（彩流社）、共著に『愛国者の憂鬱』（金曜日）など

鈴木邦男さんはかつて生長の家信者で、全国学協の初代委員長だった。その経験から、日本会議の誕生に至る経過と、内部事情を語る。生長の家が政治から手を引かなければ、日本会議は生まれなかった。

——日本会議の事務局を担っているのは、日本青年協議会（日青協）という団体の出身者です。日青協は、かつての民族派学生団体「全国学生自治体連絡協議会」（全国学協）のOB組織ですね。全国学協は、生長の家と関係があったとされます。鈴木さんは生長の家の信者でしたね。

僕は、高校生の頃から生長の家の運動はやっていました。１９６３年に早稲田大学に入学しましたが、学生時代は生長の家の学生道場にいましたね。親から「生長の家の子どもたちだったら誰でも入れるし、自由な寮だ」と言われて入ったんです。ところが、メチャメチャ厳しい寮だったんですよ。

——「朝4時30分、起床」だそうですね。

ええ。朝早く起こされてお祈りして、国旗掲揚・国歌斉唱し、谷口雅春先生の話を聞いていました。僕らは宗教だと思っていましたが、谷口先生からは「今は日本そのものが危ない」「日本そのものが危篤だから宗教者といえども立ち上がれ」と政治的な側面が強いお話があって。さらに「（左翼は）学生運動で『授業料反対』と、もっともらしいことを言っているけれども、本当は日本に共産革命を起こすつもりだ。そうなったら、宗教もなくなるし、天皇制もなくなるんだ。闘え」と言うんです。それで生長の家学生会全国総連合（生学連）の運動をしていました。

――鈴木さんは早稲田大学の中では生長の家系の「光明思想研究会」を作られました。その後、全国学協の初代委員長を務められます。この全国学協は、生学連とどう違うのですか。

生学連はあくまで生長の家の教えを広めるための学生団体でしたが、当時の大学紛争で全共闘（全学共闘会議）や民青（日本民主青年同盟）と闘い、学生自治会の主導権を取ったりする活動は衝突が避けられません。しかし生長の家は「暴力禁止」で、そういう活動に生学連は本来なじまない。そこで生学連の方で生長の家を説得し、生長の家を強くしながら民族派の学生を集めようという意図で全国学協を結成したのです。

――生長の家の指示で結成したのではなく、学生から持ちかけたと。

そうです。そうした学生の中では、現在日本会議の事務総長をしている椛島有三氏たちの存在が大きかったですね。椛島氏を加え、安東巌氏や犬塚博英氏らが長崎大学で新左翼の学生党派と闘い、自治会執行部を取った。そのような経験は、全国の大学でも初めてだったでしょう。それだけ運動のノウハウも実務能力も持っていて、彼らの他にも優秀な活動家が多数揃っていました。そこから地方議員になったメンバーもいます。

――全国学協には、どういう学生がいたのですか。

当然、生学連のメンバーが主流でしたが、それ以外の学生もいました。「左翼が嫌いだ」「父親が軍人だった」「月刊『丸』を読んでいた」というタイプですね。そうした学生に対して生長の家に加入を勧めるようなことはありませんでしたが、生長の家からは全国学協の活動に「暴力的だ」と、批判がありました。僕もずいぶん批判されましたよ。

――日青協はどういう経過で結成されたのでしょう。

全国学協の結成と似ています。全国学協の学生たちが卒業して社会人になった際、運動をやれる組織を作ろうということで。個々人は生長の家の信仰を持っていたかもしれませんが、それは一切出さず、宗教ではなく、あくまで政治として「日本を正すための運動をやろう」という趣旨でした。ですから、生長の家本体とはつながりはありませんでした。

――しかし、生長の家出身者が多かったわけですから、日青協メンバーの考えは谷口雅春創始者の教えのままだったのではないですか。

個々人はそうかもしれませんが、日青協内部で生長の家の学習会をしたり、勧誘をするということはありませんでした。また日青協の綱領にも、「谷口先生の教え」みたいな表現も一切ありません。

――生長の家と日青協は正式な組織のつながりというのは？

ないですね。特に生長の家の本部そのものが１９８３年、政治から一切手を引きましたから。

安東氏や椛島氏は政治家になってもおかしくなかった

――日本会議は、「日本を守る会」と「日本を守る国民会議」が合流して、１９９７年に結成されます。その「日本を守る会」も、「日本を守る国民会議」とその前身である「元号法制化実現国民会議」も、日青協の椛島氏が神社関係者と共に事務局を担当していました。神社本庁など神社関係者と日青協は、関係が深かったのですか。

深かったと思います。昔から、一緒にやっていたという人たちが多かったですね。それに、神社本庁とは、いろいろ政治的方向性が似ていますから、「お互いに協力してやろう」ということだと思います。椛島氏ら日本会議の結成にいたるまでの運動の実務を担当してきたメンバーは、先ほども言った通り、左翼との闘いで鍛えられた実務能力がとてもありますから、主導権を取ってきたのでしょう。

もともと日本の右翼は、そうした能力に乏しかったですし、「右翼はもっと大きく考えるんだ」と、「事務屋＝軽蔑の対象」としていました。でも、椛島氏たちは新聞を出したり、機関誌活動もしてたし、実務能力が優秀なんですよ。

だから、他の日本会議に加わっている神社本庁はじめ他の宗教団体の人も、彼らにはかなわないでしょう。

――神社の宮司さんが大衆運動を仕切るのは難しいということでしょうか。

一人ひとりは志や情熱を持っているでしょうけれども、集団として動かすときはノウハウが必要ですから。

――椛島さんたちが「日本を守る会」に入ったのは生長の家から「行ってくれ」と言われたわけではないということですか。

そうではないですね。今の生長の家は求心力はありません。２０１６年４月24日に「生長の家の谷口雅春哲学を学ぶ集会」があって、僕も行ってみたんです。そうしたら、今の３代目の生長の家に対して不満を持つ信者たちが大勢集まっているんですよ。

初代の雅春先生はものすごく愛国心が強かったですから。２代目の清超先生は、東大を出た人で心理学をやり、かなりインテリなんですよ。でも、自分のオリジナリティというのはあんまり出さなかったんですね。雅春先生が強かったから。３代目は、かなり自分のオリジナリティを出して、「生長の家がかつての侵略戦争を支持したみたいなことは違っているんじゃないか」とか、いろいろ批判しています。

生長の家は東京・原宿に本部があったんだけど、土地を売っちゃって、今はそこは公園になってますよ。生長の家自体は長野かどこかの山の中に行きました。

僕はそういう分裂的なことは嫌なんだけれども、信者たちの中には「3代目はかなり左翼的だ」と批判している人がいるんですよ。さらには「谷口雅春先生の教えに戻ろう」という人たちもいるし、幸福の科学に入った人たちもいるんです。幸福の科学は生長の家と似てるんですよ。教義もそうだし、選挙にも出てるでしょ。

――生長の家自身は、かつて政治組織を持っていましたが。

生長の家政治連合(生政連)ですね。戦後の一時期、生長の家にかぎらず、いろんな宗教団体が政治に進出したり、政治団体を結成することが続きました。立正佼成会とか、神社本庁とか。

その理由の一つには、創価学会が公明党を作りましたから、いずれ創価学会を国教にし、他宗教を弾圧するのではないかという噂があった。二つ目には冷戦期で、日本が共産化するのではないかと。そうなったら、宗教は危ない。生長の家は、谷口先生に象徴されるように徹底した反共主義でしたから。

生長の家でも玉置和郎氏や村上正邦氏など、たくさん国会議員を送り出しました。僕らも選挙運動に行かされたし。また選挙っていうのは闘いだから、人間が鍛えられるんですよ。いろんなことがプラスに働きましたね。

――先ほど、鈴木さんがおっしゃった通り、生長の家は、谷口創始者が亡くなる2年前の1983年に政治から撤退し、生政連も解散しました。なぜだったのでしょう。

その理由は、創価学会が自分たちの宗教を国教にする野望は捨てたろうし、安保条約の改定期だった1970年に共産勢力が決起して政治危機を起こすという可能性もなくなった。「そういう異常な事態を想定して政治運動をやったが、そうした不安はもう存在しない」ということです。しかしかつて僕らは、椛島氏とか日青協のリーダーたちは、みな生政連の一員としていずれ国会議員になると思っていましたよ。ある意味で梯子を外された形になってしまった面は否めません。おそらく生政連が存続していたら、日本会議も結成されることはなかったと思います。彼らが、生政連を中心とした政権を作ろうとしたでしょうね。

――安東氏や椛島氏は本来政治家になってもおかしくないということですか？

ええ、そうですね。優秀な人たちですし、なってもらいたかったですし。生政連があったら、確実に彼らは政治家になっていたでしょうね。

彼らの運動は、ものすごく真面目だし、事務的な能力も優れているし、国会議員一人ひとりからの信頼が高いんです。かつて統一教会（現・世界平和統一家庭連合）の人たちが自民党を応援していたこともあったんですね。でも、議員たちに「宗教はちょっと怪しいな」って思われていた。一方、生長の家の場合、谷口雅春先生を知っている国会議員ってけっこういるんですよ。谷口先生の本も読んでいたりするし。「ああ、あそこは大丈夫だ」という信頼感があるんですよね。だから日本会議に入っている国会議員も多いんだと思いますよ。

ハニートラップはあったのか

――菅野完さんが書かれた『日本会議の研究』（扶桑社新書）が話題になっています。終盤で鈴木邦男さんに触れていますね。

ああ、クビになったところ（笑）。

――「クビになった」という表現は、ご自身で卑下されているのかなと思うんですけれども。そもそも早稲田大学で、左派の学生がストライキをしている中、鈴木さんが先頭に立って武闘派として鳴らしていたそうですね。

いやいや、早稲田では論争するというよりも、右も左もみんなすぐに手が出ましたから。圧倒的に右の僕らが少なかったから粉砕されましたけれども。そういう意味で人を殴ったり、ケンカしたりすることは別に悪いことじゃないんだと思っていましたね。殺したりしなければ、何をやってもいいんだろう、と。今、思い返すとひどかったけど。

——その後、鈴木さんは早稲田大学学生連盟の初代委員長をやられています。それが3月に結成され、4月には全学ストが解除されたと。鈴木さんの暴力路線が実を結んだということですか？

いやいや、それよりも一般学生が嫌になってきたからでしょう。そういう意味ではいいタイミングだったとは思いますよ。

——そして、5月1日に全国学協というのが結成され、初代委員長に選ばれたと。

そうですね。ただ、年齢的に上だったからだけですよ。

——そして委員長就任から1カ月で追い出されてしまった。

僕が無能だったからですよ。

——ある種クーデターみたいなものがあり、安東巖さんを中心とする人たちに追い出されてしまったんですよね。安東さんは生長の家の後輩にあたる方ですか？

年齢はずいぶん上なんですね。ずいぶん長い間、病気をしていて、生長の家の信仰で治ったんです。そういう非常にカリスマ的な人でしたね。

――菅野さんの本には「ハニートラップをはじめとした安東の仕掛けた罠にまんまとはまった」と書かれていますが、本当ですか？

それはないでしょう。それはちょっと誤解だと思いますよ。彼らは彼らなりに正々堂々と闘ったんです。僕が彼らから最初に「お前はダメだ」と言われたとき、すぐに辞めればよかったんですけどね。個人的な感情だけで意地になって辞めなかったから、今思うと申し訳なかったです。

それに安東氏たちは優秀だから、僕じゃ、敵わないですね。僕が追い出されたことを「まるで赤子の手をひねるようだった」って表現した人がいたけれど。たぶんそうだったんでしょう。

今でも週刊誌の人にいろいろ聞かれるんですよ。「昔は、一緒にいろいろやっていたのに、追い出されたんだから恨みがあるだろう」と。僕は、そういうことは言いたくないし、実際にそういうことはないんですよ。でも、「恨みはない」と言うと、つまらないから話しても没にされてきました。『日本会議の研究』は今まで出た本の中で一番詳しいし、むしろ日本会議も喜んでいるでしょう。

――しかし、『日本会議の研究』を発行した扶桑社に対して、「日本会議事務総長椛島有三」名義で「直ちに出版の差し止めを求める」旨の「申し入れ」がありました。

いや、僕は椛島氏の本心での行動ではないと思いますよ。では、なぜ申し入れをしたのか。噂によると『日本会議の研究』の買い占めもあるようですし。

これらの行動はあの本が間違っているからではないんですよ。あまりにも正確だからです。どういうことかというと、日本会議を構成しているのは生長の家だけじゃありません。神社本庁とか、いろんな宗教団体や、一般の人も入っているんですよ。元裁判官の人も入っているし。そういう人々への配慮ですね。日本会議の中で、椛島氏たちのグループは「いや、われわれがこんなに皆さんを引っ張ってやっているわけじゃないですよ。私たちはあくまで裏方で事務局をやっているだけだから、あの本は間違ってます。だから抗議してます」。そう言ってるんですよ。

――そういう〝謙虚〟さが今までの運動を支えてきた要諦でもあるということですか。

そりゃそうですよ。みんなあんまりマスコミにも出ないじゃないですか。普通だったらテレビに出て「オレがやっているんだ」「オレが安倍を動かしているんだ」とかって言うけど、そんなことは絶対に言わない。それは彼らの謙虚さですね。

それと、いろんな宗教が集まっているけど、宗教色は一切出さないでしょう。出したら、ケンカになるから。宗教色がなくて、宗教者が政治的な方向でまとまるのは、奇跡的なことですよね。

――『日本会議の研究』では鈴木さんのインタビューは掲載されていませんね。

実はインタビューはされているんです。

——取材されていたなら、ハニートラップは事実だったということですか。そのときのトラウマで独身を貫かれているのでしょうか。

えっ。まあ、生長の家は女の子もいっぱいいましたからね。親しくなったからといって、そういうことがあったというわけではない。そんなことないですよ。

——なんだか歯切れが悪いですね。

歯切れ、悪いです。

「勝利感に浸っているのでは」

——当時の左右の学生運動を振り返って、どうですか？

今から考えてみると、別に左翼学生だってソ連や中国のためにやっていたわけではないし、日本のためにやっていたんじゃないかと思います。そういう彼らと話しあえなかったし、一緒に闘えなかったのは残念でした。

全国学協を作ってスタートしたときには左翼の方は警察に弾圧されて、ほとんど潰されていたんですよ。そうすると、そういう闘いのエネルギーが内部に向いちゃうんですね。それでまた似たような組織が出てきて、「その違いが許せない」「なんで左翼がいなくなったのにわれわれの運動は伸びないんだ。それは幹部がだらしがないだろう」という風になってしまうんですよ。今の状態と似てるなと思って。

今も左翼がいないから、左右激突みたいな大きなテーマがなくて、保守派の内部で潰しあいをしているでしょう。そうすると、議論が小さくなるし、さらに執拗なんですよ。昨日まで一緒に運動をやっていたからよく知っているし、いくらでも批判できるんです。

――日本会議の事務局にいる椛島氏ら日青協の元リーダーたちは、いま何を考えていると思いますか。

彼らにとって、安倍さんという人が出てきたことは好機だと捉えたのだと思います。三島由紀夫が自衛隊で演説して割腹したときは、「自衛隊を正式な軍隊にしろ」「憲法を改正しろ」という彼らの意見は多くの人に届きませんでした。

だから今は「安倍晋三首相を支え続け、自分たちが望んでいるような政策を実現してもらおう。このチャンスを逃したらダメだ」ということではないでしょうか。僕は、その思惑通りにいっているように思いますね。靖国神社参拝とか、安保法制とか。日本会議が一番力を入れている改憲だって、安倍首相はとても熱心だし。おそらく彼らは左翼を凌駕して、初めて自分たちが右派として国を動かしているのだという勝利感に浸っているのじゃないのかな。

――その右派の論客である西尾幹二氏は、日青協が「後ろに隠れて日本会議を操作している」と批判していますが。

その言い方は、違うでしょう。どこかのグループが、熱意と力関係のレベルで結果的に中心的になっているだけで、運動ではよくあることです。

――そうすると日本会議は、日青協が影響を受けた谷口創始者の教えを実行しているわけではないと。

宗教運動ではないですからね。個々人は宗教的なものを持って運動してきたかもしれないが、「今はそうではない」と思っているはずです。生長の家、日青協出身で、日本会議国会議員懇談会の参議院議員の衛藤晟一氏だって、自民党員としてやっている。生長の家信者として活動しているとは、考えていないでしょう。僕らも学生時代は、谷口先生の教えに従って「明治憲法を復元せよ」と主張していました。今どき日本会議も衛藤氏も、そんなことは口にしませんよ。

――なぜこれだけ、日本会議が存在感を増しているのでしょう。

左翼が衰退し、右翼団体も『正論』とか『ＷｉＬＬ』といったオピニオン誌&保守団体に乗り越えられてしまいました。いまやその辺のおじさん、おばさんが「草の根保守です」と称し、「従軍『慰安婦』は『朝日新聞』のウソです」と街頭で演説している時代ですよ。社会全体が右傾化していることもありますが、そうした風潮に日本会議は乗ることができたのでしょう。

ただ、今は日本会議は安倍さんを支援しているけれども、最終的にどこまで一緒に行くのかということですね。

——決して自民党が日本会議を利用しているわけではないということですか。

それはそうですよ。むしろ日本会議の方が主導していると思います。憲法改正できたとしても、その先のことを考えているでしょう。

——日本会議がやろうとしていることは鈴木さんから見て、どうですか。

僕は今早急に憲法を改正することは危ないと思っていますし、「愛国心」「家族を大切にしろ」とか憲法に書くことも危ういと思っていますけどね。「今の若者はだらしがないから、兵隊に行かせろ」「核武装しろ」とか言う人もいますし。そんなことを全部憲法に書くなんていうことは危ないです。愛国心なんていうのは形にして強制することではありません。心の問題だから。家族の問題もそうだけど、それは生長の家の出身の人たちもわかっているでしょう。

だから、今のところは安倍さんと一緒にやっているけれども、その後は違うんじゃないかと思いますね。あんまり彼らは言わないけれども。そういう風に信じたいですね。

聞き手・まとめ／編集部

（『週刊金曜日』２０１６年5月27日号掲載記事に加筆しました）

安倍政権を支える日本会議と「日本会議議連」

今や日本社会に大きな影響を与えている日本会議。国会議員では誰が所属しているのか？なぜ議員たちは日本会議議連に入るのか？日本会議研究の第一人者が作成した資料とともに解説する。

俵 義文
たわら よしふみ
子どもと教科書全国ネット21事務局長

安倍政権は日本会議内閣である

安倍晋三首相は歴史修正主義・靖国史観の極右政治家であり、安倍政権は極右内閣である。安倍首相が極右だからその内閣が極右政権だと決めつけているわけではない。それは、14・15ページの資料の「第3次安倍改造内閣の超タカ派（極右）の大臣たち」を見るだけでも明らかである。

日本最大の右翼組織である改憲・翼賛の日本会議と連携する日本会議国会議員懇談会（「日本会議議連」）に所属する大臣は13人（65・00％、公明党の石井国交相を除けば70％）、首相補佐官と官房副長官の各2人、副大臣17人、政務官14人が同議連であり、大臣・副大臣・政務官・首相補佐官・官房副長官全体に占める割合は62・3％である。

ちなみに、第2次内閣以降の安倍政権での「日本会議議連」の大臣は、第2次内閣14人（73・7％）（大臣など全体では59・2％、以下同じ）、第2次改造内閣16人（84・2％）（67・1％）、第3次内閣15人（75・0％）（63・6％）である。

安倍政権の大臣などが所属する極右議連は「日本会議議連」だけではない。第3次改造内閣には、安倍が会長の神道政治連盟国会議員懇談会（「神道議連」）は18人（90％）、みんなで靖国神社に参拝する国会議員の会（「靖国議連」）17人（85％）、日本の前途と歴史教育を考える議員の会（「教科書議連」）9人（45％）、安倍が会長の創生「日本」10人（50％）である。

こうした実態からみて、筆者は、安倍政権は日本会議政権であり、「神の国」内閣だとよんでいるのである。

日本会議・「日本会議議連」の設立

１９９７年5月30日、右翼組織の日本を守る国民会議と宗教右翼組織の日本を守る会が組織統一を行ない日本最大の改憲・翼賛の右翼組織「日本会議」が発足した。政治学者の中野晃一（上智大学教授）はこの１９９７年を「バックラッシュ元年」と命名している（『右傾化する日本政治』岩波新書）。たしかに、その前年の7月から右翼勢力による中学校教科書から「慰安婦」や南京大虐殺を削除せよという運動（第3次教科書攻撃）が展開され、１９９７年1月に「新しい歴史教科書をつくる会」が正式に発足、2月に中川昭一・安倍晋三・衛藤晟一議員らによって自民党「日本の前途と歴史教育を考える若手議員の会」が設立、5月に日本会議が発足した。

そして、日本会議が発足する前日の１９９７年5月29日に、日本会議を全面的にバックアップし連携する目的で、自民党の小渕恵三・森喜朗、新進党（当時）の小沢辰男が発起人になって結成されたのが超党派の日本会議国会議員懇談会（「日本会議議連」）である。２０１４年4月現在の「日本会議議連」の役員は、麻生太郎・安倍晋三が特別顧問で、顧問には谷垣禎一等、相談役が石破茂・額賀福志郎・鴻池祥肇等、会長・平沼赳夫、会長代行・中曽根弘文、副会長・古屋圭司・下村博文・菅義偉・高市早苗・新藤義孝・森英介・小池百合子等、幹事長・衛藤晟一、副幹事長・加藤勝信、政策審議室長・山谷えり子、政策審議副会長・萩生田光一・稲田朋美・礒崎陽輔・有村治子、事務局長・鷲尾英一郎（民主党、党名は当時）など、安倍政権の現閣僚や前閣僚、自民党幹部などの顔が並んでいる（この役員名簿は2年前のものであり、一部変更があると思われる）。

「日本会議議連」の名簿は非公開であり、議連メンバーを知るのは容易ではないが、筆者は１９９７年から今日まで何回か名簿を入手した。それによれば、２００５年６月時点では２３５人（衆議院１６７人、参議院68人）、２００９年８月（総選挙前）の時点で衆議院のみ１６９人（参議院の名簿は不明、70人位か？）、２０１５年９月現在２８１人になっている（その後、２０１６年２月16日、宮崎謙介氏が議員辞職で２８０人、筆者作成の資料「日本会議議連」名簿参照）。２００５年の名簿にある議員ですでに引退・落選・死亡者は１３６人なので、２００５年から10年間で新たに「日本会議議連」に加入した議員は１８２人ということになる。

「日本会議議連」に加入する議員が増え続けるのは、小選挙区制度下では公認されなければ当選しないという現実の中で、党総裁（安倍）や党役員を中心とした政治家が会長や幹部を務める議連に入れば公認されやすいし、大臣や副大臣・政務官になる可能性が高まるなどの思いもあるといえる。さらには、日本会議の会員は３万８０００人ということであるが、多くのフロント組織があり、県本部・地域支部（現在２３８）・地方議員連盟などの選挙における動員力、特に日本会議には神社本庁をはじめ多くの宗教組織が参加しているので、その集票力も魅力になっていると思われる。

「日本会議議連」は超党派であるが約９割は自民党であり、自民党内の「日本会議議連」メンバーは衆参共に一大勢力である（衆参議員７１７人の約４割）。これだけ強大化した右翼議連がその中心人物を総理・総裁に押し上げたのが第１次・第２～３次安倍政権誕生の舞台裏である。日本会議と同議連は綿密に連携して日本の政治を動かしている。

日本の政治、社会、教育などを支配する日本会議・「日本会議議連」

「日本会議議連」は、「歴史・教育・家庭問題」（座長・高市早苗＝２００７年当時、以下同じ）、「防衛・外交・領土問題」（座長・安倍晋三）、「憲法・皇室・靖国問題」（座長・鴻池祥肇）の三つのプロジェクトを設けて、合同役員会などで日本会議と協議し、日本会議の要求・政策を国政に持ち込む活動をしている。また、「日本会議議連」は、憲法、防衛・基地、領土問題、皇室制度、危機管理などをテーマに日本会議の中心メンバーの櫻井よしこ（ジャーナリスト）、百地章（日本大学教授）、西修（駒澤大学名誉教授）、長尾一紘（中央大学名誉教授）、長谷川三千子（埼玉大学名誉教授）、大原康男（国学院大学名誉教授）などを講師に勉強会を行ない、「理論武装」と「意思統一」を行なって活動している。こうした活動の上に、「日本会議議連」は、２０１４年６月に「皇室制度ＰＴ」（座長・衛藤晟一）、２０１４年11月に「憲法改正ＰＴ」（座長・古屋圭司）の２つのプロジェクトチーム（ＰＴ）を設置して、勉強会と政策づくりを行っている。

日本会議と「日本会議議連」は日常的に連携をとり、合同役員会などで情勢認識や方針を確認しているが、２００７年10月7日には、合同で「設立10周年記念大会」を開催した。こうした右翼組織と右翼議連の連携によって、日本の政治や社会、教育に重大な影響を及ぼしてきた。「影響を及ぼす」というよりも、日本会議の主張・要求が「日本会議議連」の活動によって、実現したり、政府の政策を断念させたりしてきた。

日本会議は、「日本会議議連」、日本会議地方議員連盟、日本女性の会、日本青年協議会などを中心に、課題別のフロント組織を立ち上げて「国民運動」を進めてきた。その結果、日本を守る国民会議時期も含めると日本の政治や社会、教育に重大な影響を及ぼす「成果」をあげてきた。その主なものは、次の通りである。

元号法制化の達成、政府主催の天皇奉祝行事の実現、女系女性天皇容認の皇室典範改定阻止、国旗国歌法制定、中学校教科書の「慰安婦」記述削除、教育基本法「改正」、選択的夫婦別姓法案阻止、外国人地方参政権法案阻止、検定制度改悪と教科書統制強化、『心のノート』の発行と道徳の「教科化」実現、例年の8・15の靖国神社参拝運動の広がり（2005年8月15日の20万人参拝運動の成功）、領土問題での排外主義の広がりと教科書への領土問題の政府見解の記述実現、育鵬社教科書の採択などである。

このように見てくれば、極右組織・日本会議が掲げた要求・課題が、連携する国会議員・地方議員や日本会議の会員、地域支部、日本女性の会などの運動によって、実現してきた恐ろしい構図が明らかになってくる。そして今、日本会議の悲願（安倍首相の悲願でもある）の憲法「改正」の実現に向けて、美しい日本の憲法をつくる国民の会をつくり、「戦争する国」を実現する「草の根改憲運動」に全力をあげている。

なお、日本会議及び「日本会議議連」についての詳細は、拙著『日本会議の全貌――知られざる巨大組織の実態』（花伝社）を参照されたい。

（本文中一部敬称略）

2016年4月23日 時点

出典：俵義文・子供と教科書全国ネット21事務局長

自民＝衆議院184　参議院60
民進＝衆議院13　参議院２
おおさか維新＝衆議院７　参議院３
こころ＝参議院３
無所属＝衆議院３　参議院４

計＝衆議院 208　参議院 72
衆参合計 280人

所属議員連盟の略語の正式名

歴史＝自民党歴史・検討委員会
教科書＝日本の前途と歴史教育を考える議員の会（「教科書議連」）
神道＝神道政治連盟国会議員懇談会（「神道議連」）、326議員（衆議院239人・参議院87人）（16.5現在）
靖国＝みんなで靖国神社に参拝する国会議員の会（「靖国議連」）、360議員（衆議院260人・参議院100人）
若手靖国＝平和を願い真の国益を考え靖国神社参拝を支持する若手国会議員の会
改憲＝憲法調査推進議員連盟（超党派の「改憲議連」）
同盟＝新憲法制定議員同盟（超党派の「改憲同盟」）
創生＝創生「日本」、安倍が会長の「戦後レジーム」からの脱却、改憲をめざす超党派議員連盟（大部分は自民党）で事実上の「安倍議連」。2010年2月5日の発足時は75人、安倍政権誕生10カ月後の13年10月29日の総会時に190人に。15年11月28日に2年ぶりに開催した研修会で190人の国会議員が加入と発表
教基法＝教育基本法改正促進委員会（自民・民主による超党派議連）
拉致＝北朝鮮に拉致された日本人を早期に救出するために行動する議員連盟（「拉致議連」）
正しい＝正しい日本を創る会
反中国＝中国の抗日記念館から不当な写真の撤去を求める国会議員の会
南京＝映画「南京の真実」賛同者
W・P＝米「ワシントンポスト」への「慰安婦」否定の意見広告に賛同した議員
米抗議＝アメリカ下院の「慰安婦」決議への抗議文に署名した議員
「慰安婦」＝米・ニュージャージー州「スターレッジャー」への「慰安婦」否定の意見広告に賛同した議員
反日教組＝日教組問題を究明し、教育正常化実現に向け教育現場の実態を把握する議員の会
親学＝親学推進議員連盟。高橋史朗が理事長の親学推進協会と連携して2012年4月に設立
人格＝人格教養教育推進議員連盟。14年6月10日設立の超党派議連。道徳の教科化などを推進。70人

これらの議連など解説は俵義文ほか共著『軍事立国への野望』（かもがわ出版）または『安倍晋三の本性』（金曜日）参照

日本会議国会議員懇談会名簿

自民党　衆議院

氏名	選挙区	その他の議連	懇談会役員
逢沢一郎	岡山１区	歴史　神道　靖国　改憲　同盟　拉致　親学	
青山周平	比例東海（愛知12区）	神道　靖国	
秋元 司	比例東京（東京15区）	神道　靖国　同盟　創生（委員）	
麻生太郎	福岡8区	神道　靖国　教基法（顧問）　改憲　同盟　創生（委員）　拉致（顧問）	特別顧問
穴見陽一	比例九州（大分１区）	神道　靖国	
安倍晋三	山口４区	歴史　教科書（顧問）　神道（会長）　靖国　改憲　同盟（顧問）　創生（会長）　拉致（顧問）「慰安婦」　親学（会長）　人格（最高顧問）	特別顧問
甘利 明	神奈川13区	神道　靖国　改憲	
安藤 裕	比例近畿（京都６区）	神道　靖国	
池田道孝	比例中国	靖国	
池田佳隆	比例東海（愛知３区）	神道　靖国　人格（事務局次長）	
石原宏高	東京３区	神道　拉致	
石破 茂	鳥取１区	神道　靖国　改憲　拉致（顧問）	相談役
伊東良孝	北海道７区	神道　靖国　創生（委員）「慰安婦」	
稲田朋美	福井１区	教科書　神道　靖国　同盟　創生（事務局長代理）　正しい（事務局長）　南京　反中国（事務局長）　W・P「慰安婦」　拉致（幹事）	政策副会長
井上信治	東京25区	神道　靖国　若手靖国　改憲　創生（委員）　反日教組　親学　拉致　人格（幹事）	
井上貴博	福岡１区	神道　靖国	
井林辰憲	静岡２区	神道　靖国	

自民党　衆議院

氏名	選挙区	その他の議連	懇談会役員
伊吹文明	京都１区	神道（幹事長）　靖国　改憲　同盟（顧問）　親学（副会長）	
今枝宗一郎	愛知14区		
今津 寛	比例北海道（北海道６区）	神道　靖国　創生（委員）　同盟　正しい	
今村雅弘	比例九州	神道　靖国　創生（委員）	
岩田和親	比例九州（佐賀１区）	神道　靖国	
岩屋 毅	大分３区	神道　靖国　改憲　拉致 創生（副会長）　反日教組	幹事
江渡聡徳	青森２区	教科書　神道　靖国	
衛藤征士郎	大分２区	歴史　神道　靖国	
江藤 拓	宮崎２区	神道　靖国　同盟　創生（副幹事長）　拉致（副幹事長） W・P　正しい	幹事
大岡敏孝	滋賀１区	神道　靖国	
大隈和英	比例近畿（大阪10区）		
大島理森	青森３区	神道　靖国　同盟（副会長）	
大塚高司	大阪８区	神道　靖国　W・P	
大塚 拓	埼玉９区	神道　同盟　南京　W・P	
大西英男	東京16区	神道　靖国	
大西宏幸	比例近畿（大阪１区）	神道　靖国	
大野敬太郎	香川３区	神道　靖国	

日本会議国会議員懇談会名簿

自民党　衆議院

氏名	選挙区	その他の議連	懇談会役員
岡下昌平	比例近畿（大阪17区）	神道　靖国	
奥野信亮	奈良３区	神道　靖国　改憲　同盟　創生（委員）　反日教組	幹事
小倉将信	東京23区	靖国	
小里泰弘	鹿児島４区	神道　靖国　創生（委員）　同盟	
小田原 潔	東京21区		
越智隆雄	東京６区	創生（委員）	
鬼木 誠	福岡２区	神道　靖国	
尾身朝子	比例北関東		
梶山弘志	茨城４区	神道　靖国　創生（副幹事長）	
勝沼栄明	比例東北（宮城５区）	神道　靖国	
勝俣孝明	比例東海（静岡６区）	神道　靖国	副幹事長
加藤勝信	岡山５区	神道　靖国　同盟　創生（元事務局長）　若手靖国	
加藤寛治	長崎２区	神道　靖国	
門山宏哲	比例南関東（千葉１区）	神道	
金子万寿夫	鹿児島2区	神道	
金子めぐみ	新潟４区	神道　靖国	
金子恭之	熊本５区	神道　靖国　教基法（理事）　改憲　「慰安婦」	

自民党　衆議院

氏名	選挙区	その他の議連	懇談会役員
金田勝年	秋田２区	神道　靖国　改憲	
神谷 昇	比例近畿（大阪18区）	神道	
神山佐市	埼玉７区	神道　靖国	
亀岡偉民	福島１区	神道　靖国　同盟　創生（委員）　W・P	
鴨下一郎	東京13区	創生（副会長）　反日教組	
河村建夫	山口３区	歴史　教科書　神道　靖国　改憲　同盟　親学（副会長）	
神田憲次	比例東海（愛知５区）	神道　靖国	
木内 均	比例北陸信越（長野３区）	神道　靖国	
城内 実	静岡７区	教科書　神道　靖国　教基法（委員長） 創生（事務局次長）　正しい	
黄川田仁志	埼玉３区	神道	
岸 信夫	山口２区	神道　靖国　改憲　創生（委員）「慰安婦」	
岸田文雄	広島１区	歴史　教科書　神道	
北村茂男	石川３区	神道　靖国　同盟　創生（委員）　反日教組	
北村誠吾	長崎４区	神道　靖国　同盟「慰安婦」	
木原誠二	東京20区	靖国　同盟　創生（委員）	幹事
木原 稔	熊本１区	神道　靖国　創生（事務局長）　W・P	幹事
木村太郎	青森４区	神道　靖国　改憲　同盟（監事）　創生（委員）	

日本会議国会議員懇談会名簿

自民党　衆議院

氏名	選挙区	その他の議連	懇談会役員
工藤彰三	愛知４区	神道　靖国	
熊田裕通	愛知１区	靖国	
小池百合子	東京10区	超党派教科書　靖国　改憲　同盟　拉致	副幹事長
國場幸之助	比例九州（沖縄１区）	神道　創生（委員）	
小島敏文	比例中国（広島６区）	神道　靖国　同盟	
小林鷹之	千葉２区	神道	
小林史明	広島７区	神道　靖国	
今野智博	比例北関東（埼玉11区）	神道　靖国	
齋藤 健	千葉７区	神道　創生（委員）	
斎藤洋明	比例北陸信越（新潟３区）	神道　靖国	
坂本哲志	熊本３区	神道　靖国　改憲	
櫻田義孝	千葉８区	教科書　神道　靖国　教基法（副委員長） 改憲　同盟　創生（委員）	副幹事長
笹川博義	群馬３区		
佐々木 紀	石川２区	神道　靖国	
左藤 章	大阪２区	神道　靖国　改憲　同盟　創生（委員）	
佐藤ゆかり	大阪11区	神道　靖国　同盟	
塩崎恭久	愛媛１区	教科書　神道　靖国　改憲　創生（副会長）	

自民党　衆議院

氏名	選挙区	その他の議連	懇談会役員
塩谷 立	静岡８区	神道　靖国　同盟　親学（副会長）	
柴山昌彦	埼玉８区	神道　靖国　創生（委員）　反日教組	
島田佳和	比例東海（三重２区）	神道　靖国	
下村博文	東京11区	教科書（幹事長）　神道　靖国　教基法（委員長代理）　改憲　同盟　創生（副会長）　反日教組　正しい　「慰安婦」　親学（事務局長）　人格（会長）	副会長
新谷正義	比例中国	神道　靖国	
新藤義孝	埼玉２区	教科書　神道　靖国　改憲　創生（副幹事長）　「慰安婦」　拉致	
菅 義偉	神奈川２区	教科書　神道　靖国　改憲　拉致　創生（副会長）	副会長
菅原一秀	東京９区	神道　靖国　改憲　同盟　人格（幹事）	
鈴木淳司	比例東海（愛知７区）	靖国　創生（委員）　改憲	
瀬戸隆一	比例四国（香川２区）	神道　靖国	
薗浦健太郎	千葉５区	神道　靖国　同盟　創生（委員）　W・P	幹事
高市早苗	奈良２区	教科書（幹事長代理）　神道　靖国　教基法　改憲　創生（副会長）　反日教組　拉致　「慰安婦」　人格（顧問）	副会長
高木宏壽	北海道３区	神道	
高鳥修一	新潟６区	神道　靖国　創生（委員）　正しい　拉致	事務局次長
武井俊輔	宮崎１区	神道　靖国	
竹下 亘	島根２区	神道　靖国　改憲	
武田良太	福岡11区	神道　靖国　創生（委員）　正しい	

日本会議国会議員懇談会名簿

自民党　衆議院

氏名	選挙区	その他の議連	懇談会役員
武部 新	北海道12区	教科書　神道　靖国	
武村展英	滋賀３区	神道　靖国	
竹本直一	大阪15区	神道　靖国「慰安婦」	
田所嘉徳	茨城１区	神道	
田中英之	京都４区	神道　靖国	
田中良生	埼玉15区	神道　靖国	
棚橋泰文	岐阜２区	教科書　神道　靖国　改憲	
谷垣禎一	京都５区	歴史　神道　靖国　同盟(顧問)	顧問
谷川とむ	比例近畿（大阪19区）		
田畑裕明	富山１区	神道　靖国	
田村憲久	三重４区	神道　靖国　人格(会長代行)	
津島 淳	青森１区	神道　靖国	
土屋正忠	東京18区	神道　靖国　創生(委員)　同盟　反日教組	
寺田 稔	広島５区	神道　靖国	
渡嘉敷奈緒美	大阪７区	神道　靖国　同盟	
冨樫博之	秋田１区	神道　靖国	
冨岡 勉	長崎１区	神道　靖国	

自民党　衆議院

氏名	選挙区	その他の議連	懇談会役員
土井 亨	宮城1区	神道　靖国　同盟　W・P	
中川郁子	北海道11区	神道　靖国	
中谷 元	高知1区	教科書　神道　靖国　改憲	
中谷真一	比例南関東	神道　靖国	
中村裕之	北海道4区	神道　靖国	
中山泰秀	大阪4区	教科書　神道　靖国　創生（委員）　同盟　反日教組	
長尾 敬	比例近畿（大阪14区）	神道　靖国	
永岡桂子	比例北関東（茨城7区）	神道　靖国　創生（委員）	
長坂康正	愛知9区	神道　靖国	
長島忠美	新潟5区	神道　靖国　創生（委員）	
西村明宏	宮城3区	神道　靖国　同盟	
西村康稔	兵庫9区	神道　靖国　教基法（委員長）　創生（副幹事長）　親学　拉致（副幹事長）	
額賀福志郎	茨城2区	歴史　神道　靖国　改憲　同盟	副会長
根本幸典	愛知15区	神道　靖国	
野田聖子	岐阜1区	教科書　神道　靖国	
野田 毅	熊本2区	神道　同盟	
野中 厚	埼玉12区	神道　靖国	

日本会議国会議員懇談会名簿

自民党　衆議院

氏名	選挙区	その他の議連	懇談会役員
萩生田光一	東京24区	教科書（沖縄問題小委員長）　神道　靖国　若手靖国 同盟　創生（前事務局長）　反日教組　反中国（幹事長） 正しい（幹事長）　人格（副幹事長）	事務局長
橋本 岳	岡山４区	神道　靖国	
浜田靖一	千葉12区	教科書（副幹事長）　神道　靖国　改憲	
林 幹雄	千葉10区	教科書　神道　靖国　改憲　若手靖国	
平口 洋	広島２区	神道	
平沢勝栄	東京17区	教科書　神道　靖国　教基法（副委員長）　改憲 同盟（事務局次長）　拉致　創生（委員）　反日教組	幹事
平沼赳夫	岡山３区	歴史　神道　靖国　同盟（副会長）　創生（最高顧問） 親学　正しい　反中国　拉致（会長）　W・P 「慰安婦」	会長
福井 照	比例四国	神道　靖国　正しい	
福山 守	比例四国	神道　靖国	
藤井比早之	兵庫４区	神道	
古川禎久	宮崎３区	神道　靖国　創生（副幹事長）　正しい　W・P	政策副会長
古屋圭司	岐阜５区	教科書（会長）　神道　靖国　教基法（委員長）　改憲 創生（会長代理）　反日教組　反中国（副会長） 正しい　米抗議　拉致（幹事長）「慰安婦」	副会長
星野剛士	神奈川12区	神道　靖国	
細田健一	新潟２区	神道　靖国	
堀井 学	北海道９区	神道　靖国	
堀内詔子	比例南関東 （山梨２区）	神道　靖国	
前田一男	比例北海道 （北海道８区）	神道　靖国	

自民党　衆議院

氏名	選挙区	その他の議連	懇談会役員
牧原秀樹	比例北関東（埼玉５区）	神道　創生（委員）　拉致	
松野博一	千葉３区	神道　創生（委員）「慰安婦」	
松本文明	比例東京（東京７区）	靖国　同盟　創生（委員）　W・P　米抗議	
松本洋平	東京19区	神道　靖国　同盟　創生（委員）　W・P　南京　正しい	
三ツ林裕巳	埼玉14区	神道　靖国　改憲　反日教組	
御法川信英	秋田３区	神道　靖国	
三原朝彦	福岡９区	神道　靖国	
宮内秀樹	福岡４区	靖国	
宮川典子	比例南関東（山梨１区）	神道　靖国	
宮腰光寛	富山２区	神道　改憲	
宮崎政久	比例九州（沖縄２区）	靖国	
宮澤博行	静岡３区	神道　靖国　創生（委員）	
宮下一郎	長野５区	神道　靖国	
武藤容治	岐阜３区	神道　靖国　W・P	
村上誠一郎	愛媛２区	靖国	
望月義夫	静岡４区	神道　靖国	
茂木敏充	栃木５区	神道　靖国　改憲	

日本会議国会議員懇談会名簿

自民党　衆議院

氏名	選挙区	その他の議連	懇談会役員
森 英介	千葉11区	教科書（副幹事長）　神道　靖国　同盟	副会長
森山 裕	鹿児島５区	神道　靖国　改憲　創生（委員）	
保岡興治	鹿児島１区	神道　靖国　同盟	
簗 和生	栃木３区	神道　靖国	
山口俊一	徳島２区	教科書　神道　靖国　改憲　創生（委員）	
山下貴司	岡山２区	神道　靖国　創生（委員）	
山田賢司	兵庫７区	神道　靖国　創生（委員）	
山本公一	愛媛４区	神道　靖国	
山本幸三	福岡10区	靖国	
山本 拓	比例北陸信越	神道　靖国	
山本ともひろ	比例南関東	神道　靖国　W・P	
山本有二	高知２区	神道　靖国　創生（委員）「慰安婦」	
義家弘介	比例南関東 （神奈川16区）	教科書（事務局長）　神道　創生（事務局次長）　親学 反日教組（幹事長）　人格（幹事）「慰安婦」	
吉川貴盛	北海道２区	教科書　神道　靖国　反日教組	
渡辺博道	千葉６区	教科書（事務局次長）　神道　靖国　若手靖国	

自民党　参議院

氏名	選挙区	その他の議連	懇談会役員
愛知治郎	宮城県	神道　改憲　拉致	
青木一彦	島根県	神道	
赤池誠章	比例	神道　靖国　同盟　創生（委員） 反日教組　W・P　南京　正しい	事務局次長
阿達雅志	比例	神道　靖国	
有村治子	比例	教科書　神道（副幹事長）　靖国　教基法（事務局次長）　同盟 創生（副幹事長）　親学　反日教組　拉致（幹事）　「慰安婦」	政策副会長
石井準一	千葉県	神道　靖国	
石井正弘	岡山県	神道　靖国　創生（委員）	
磯﨑仁彦	香川県	神道　靖国　親学　「慰安婦」	
礒崎陽輔	大分県	神道　靖国　改憲　同盟　創生（委員）	政策副会長
井原 巧	愛媛県	神道　靖国　創生（委員）	
上野通子	栃木県	神道　靖国　人格（幹事）　「慰安婦」	
宇都隆史	比例	靖国　（元一等空尉）	
衛藤晟一	比例	歴史　教科書（会長代行）　神道　靖国　教基法（副委員長） 改憲　同盟　創生（幹事長）　反日教組　拉致（副会長） 「慰安婦」　正しい	幹事長
大家敏志	福岡県	神道　靖国	
太田房江	比例	靖国　創生（委員）	
岡田 広	茨城県	神道　靖国	
尾辻秀久	鹿児島県	歴史　神道（副幹事長）　靖国　改憲（役員） 同盟（副会長）	相談役及び 日本会議 代表委員

日本会議国会議員懇談会名簿

自民党　参議院

氏名	選挙区	その他の議連	懇談会役員
片山さつき	比例	神道　同盟	
岸 宏一	山形県	神道　靖国　同盟　創生（委員）　人格　「慰安婦」	
木村義雄	比例	教科書（副代表）　神道　創生（委員）	
上月良祐	茨城県	創生（委員）	
鴻池祥肇	兵庫県	教科書　神道　靖国　同盟　創生（副会長） 教基法（副委員長）　同盟（副会長）	
小坂憲次	比例	靖国　改憲　親学（副会長）	
酒井庸行	愛知県	神道　創生（委員）	
佐藤正久	比例	神道　靖国　創生（委員）　拉致（幹事）	
山東昭子	比例	靖国　同盟（副会長）	
島尻安伊子	沖縄県	靖国	
島村 大	神奈川県	神道　創生（委員）	
末松信介	兵庫県	神道　創生（委員）　同盟	
世耕弘成	和歌山県	神道　靖国　同盟　創生（副会長）　反日教組　「慰安婦」	
高野光二郎	高知県	神道　創生（委員）	
高橋克法	栃木県	神道　創生（委員）	
滝沢 求	青森県	神道　靖国　創生（委員）	
塚田一郎	新潟県	神道　靖国　創生（委員）「慰安婦」	

自民党　参議院

氏名	選挙区	その他の議連	懇談会役員
柘植芳文	比例	靖国　創生（委員）	
豊田俊郎	千葉県	神道　靖国　創生（委員）	
中泉松司	秋田県	神道　靖国　創生（委員）	
中川雅治	東京都	神道　靖国　創生（委員）　同盟　反日教組	
中曽根弘文	群馬県	神道　靖国　教基法（顧問）　改憲　同盟（副幹事長） 創生（会長代行）　親学（副会長）　教基法（顧問）　正しい	会長代行
西田昌司	京都府	神道　靖国　創生（事務局次長）　同盟　拉致 反日教組　正しい　「慰安婦」	
二之湯武史	滋賀県	靖国　創生（委員）	
野上浩太郎	富山県	神道　創生（委員）　改憲　同盟（事務局次長）	
野村哲郎	鹿児島県	神道　靖国　創生（委員）	
橋本聖子	比例	教科書（幹事）　靖国　教基法（副委員長）　親学	幹事
長谷川 岳	北海道		
馬場成志	熊本県	神道　靖国　創生（委員）	
舞立昇治	鳥取県	神道　靖国　創生（委員）	
松下新平	宮崎県	神道　靖国　同盟　創生（委員）　拉致　南京　W・P	
松山政司	福岡県	神道　靖国　教基法（理事）　同盟	幹事
丸川珠代	東京都	神道　創生（事務局次長）	
三原じゅん子	比例	神道　靖国	

日本会議国会議員懇談会名簿

自民党　参議院

氏名	選挙区	その他の議連	懇談会役員
三宅伸吾	香川県	神道　靖国　創生（委員）	
森屋 宏	山梨県	神道　創生（委員）	
柳本卓治	大阪府	教科書　神道　改憲　同盟（事務局長）	
山崎 力	青森県	神道	
山谷えり子	比例	教科書　神道（副幹事長）　靖国　教基法（理事）　改憲 同盟　創生（副幹事長）　親学　反日教組（事務局長） 拉致（副会長）「慰安婦」　人格	政策審会長
山本順三	愛媛県	神道　靖国　若手靖国　同盟「慰安婦」	
若林健太	長野県	神道　靖国	
渡辺猛之	岐阜県	神道	
渡邉美樹	岐阜県	創生（委員）	

民進党　衆議院

氏名	選挙区	その他の議連
青柳陽一郎	比例南関東（神奈川6区）	靖国　人格（幹事）
石関貴史	比例北関東（群馬2区）	靖国　W・P
柿沢未途	東京15区	靖国　人格（副幹事長）
坂本祐之輔	比例北関東（埼玉10区）	
長島昭久	比例東京（東京21区）	人格（副会長）　拉致（幹事）

民進党　衆議院

氏名	選挙区	その他の議連	懇談会役員
原口一博	佐賀１区	靖国　改憲	
福島伸享	比例北関東（茨城１区）	靖国	
松野頼久	比例九州（熊本１区）	靖国　拉致	
松原 仁	比例東京（東京３区）	靖国　同盟　拉致（事務局長）　南京　W・P　「慰安婦」	
村岡敏英	比例東北（秋田３区）	靖国　人格（事務局次長）	
笠 浩史	神奈川９区	靖国　親学　同盟　人格（幹事長）拉致（事務局次長）　W・P　南京	
鷲尾英一郎	比例北陸信越（新潟２区）	靖国　親学　同盟　人格（幹事）拉致（幹事）　南京　W・P	
渡辺 周	静岡６区	改憲　拉致（副幹事長）　南京　「慰安婦」	副会長

民進党　参議院

氏名	選挙区	その他の議連	懇談会役員
金子洋一	神奈川県	靖国　人格（事務局次長）	
水野賢一	千葉県	神道　創生（委員）	

日本会議国会議員懇談会名簿

おおさか維新の会　衆議院

氏名	選挙区	その他の議連	懇談会役員
井上英孝	大阪１区	靖国	
浦野靖人	比例近畿（大阪15区）		
遠藤 敬	大阪18区	靖国	
河野正美	比例九州（福岡４区）	靖国	
下地幹郎	比例九州（沖縄１区）	靖国　同盟（常任幹事）	
馬場伸幸	大阪17区		
松浪健太	比例近畿（大阪10区）	靖国　創生（委員）　同盟　拉致（幹事）	

おおさか維新の会　参議院

氏名	選挙区	その他の議連	懇談会役員
東 徹	大阪府	靖国　創生（委員）	
江口克彦	比例	靖国　親学（副会長）	
清水貴之	兵庫県	靖国　創生（委員）	副幹事長

日本のこころを大切にする党　参議院

氏名	選挙区	その他の議連
中野正志	比例（宮城県）	神道　靖国
中山恭子	比例	靖国　創生（委員）　人格（副会長） 親学（副会長）　拉致（副会長）「慰安婦」
和田政宗	宮城県	靖国　創生（委員）　人格（事務局次長）

無所属　衆議院

氏名	選挙区	その他の議連	懇談会役員
浅尾慶一郎	神奈川４区	靖国	
亀井静香	広島６区	神道　靖国　同盟（顧問）	
武藤貴也	滋賀４区	神道　靖国　創生（委員）	

無所属　参議院

氏名	選挙区	その他の議連	懇談会役員
井上義行	比例		
松沢成文	神奈川県	創生（委員）　人格（副幹事長）	
山崎正昭	福井県	歴史　教科書　神道　靖国　同盟	副幹事長
浜田和幸	鳥取県		

日本会議と神社本庁

2016年6月29日　初版発行
2016年7月21日　第2刷発行

編著者　『週刊金曜日』成澤宗男
発行人　北村　肇
発行所　株式会社 金曜日
〒101-0051 東京都千代田区神田神保町2-23 アセンド神保町3階
URL　http://www.kinyobi.co.jp/
（業務部）TEL 03-3221-8521　FAX 03-3221-8522
Mail　gyomubu@kinyobi.co.jp
（編集部）TEL 03-3221-8527　FAX 03-3221-8532
Mail　henshubu@kinyobi.co.jp

ブックデザイン　細工場
印刷・製本　精文堂印刷株式会社

価格はカバーに表示してあります。
落丁・乱丁はお取り替えいたします。

ISBN978-4-86572-010-5　C0036

『週刊金曜日』の発刊に寄せて（抜粋）

支配政党の金権腐敗、この政党に巨額献金する経済主流が見逃す無責任なマネーゲーム、巨大化したマス文化の画一化作用、これらは相乗効果を発揮して、いまや底無しの様相を呈し、民主主義の市民と世論を呑み込む勢いである。

この三つの荒廃には、さまざまな超越的、イデオロギー的批判が下されている。しかし、あまりものをいうようにも見えない。

むしろ、いま必要なのは、前途をどうすれば明るくできるか、その勢力と方法の芽生えはどこにあるのかをはっきりさせる内在的、打開的批判であり、この批判を職業とし、生活し、思想する主権市民の立場から実物教示してみせる仕事である。

いかなる機構、どんな既成組織からも独立し、読者と筆者と編集者の積極的協力の道を開き、共同参加、共同編集によって、週刊誌における市民主権の実をあげるモデルの一つを作りたいと願っている。

一九三五年、ファシズムの戦争挑発を防ぎ、新しい時代と世界をもたらすために、レ・ゼクリバン（作家・評論家）が創刊し、管理する雑誌として出され部数十万を数えた『金曜日（ヴァンドルディ）』の伝統もある。

読者諸君、執筆者諸君の積極的参加を心から期待したい。

久野　収